童話の国の
ドールメイク
- DOLL MAKE -

Hair & Make-up Artist　　　*Illustrator*
双木昭夫 & TCB

宝島社

Introduction

"童話の主人公たち"のメイク本があったら素敵だなぁ、と考えていたときに出会ったのが、「童話モチーフコスメ」でした。このコスメを手がけているTCBさんにご相談してみたところ、快くご協力をいただけることになり、この本が生まれました。私がこれまで提案してきた「ドールメイク」を進化させて、"2.5次元可愛いメイク本"として、ふだんからメイクを研究している方にも、初心者さんにも楽しんでいただけるような一冊になったと思っています。この本を参考に、たくさんの方に、愛らしい2.5次元ドールメイクを楽しんでいただけることを願っています。

From **Akio Namiki**

[PROFILE] ヘアメイクアップアーティスト。1995年にヘアメイク事務所クララシステムを設立、『なまいきリボンわがままレース』(Vol.1〜3)を自ら刊行するほか、広告、雑誌など多方面で活躍中。

Twitterで「こんなコスメがあったらいいな」と、イラストを添えて何の気なしにつぶやいたのが2014年のこと。その後、クラウドファンディングで多くの方にご支持いただき、商品化されたのが「童話モチーフコスメ」です。それだけでもびっくりなのに、いつもとびきり可愛いメイクを提案されている双木さんから、童話の主人公をテーマにしたメイク本に、童話モチーフコスメを使いたいとご連絡いただき、一冊の本になるなんて、考えてもみませんでした。手にとってくださった皆さまには、感謝するばかりです。この本を通してぜひ、童話メイクをお楽しみください。

From **TCB**

[PROFILE] イラストレーター、漫画家。多くの媒体に、表紙を含むイラスト、漫画を描きおろすかたわら、専門学校の特別講師やCDジャケット、ゲームのキャラクターデザインなども手がける。

Contents

002		Introduction	
004		How to use this book	この本の使い方
006		Before make-up……	メイクする前に
023	Chapter 1	赤ずきん	*Little Red Riding Hood*
045	Chapter 2	不思議の国のアリス	*Alice's Adventures in Wonderland*
063	Chapter 3	人魚姫	*The Little Mermaid*
077	Chapter 4	ヘンゼルとグレーテル	*Hansel and Gretel*
091	Chapter 5	ラプンツェル	*Long Hair Princess*
109	Chapter 6	白雪姫	*Euphorbia*
127		CLOTHES CREDIT／HAIR WIG CREDIT／CLOTHES SHOP LIST／COSME SHOP LIST	

＊本書掲載商品の価格は、消費税抜きで表示しています。また、本書掲載コスメの問い合わせ先は P.127 に掲載しています。

How to use this book この本の使い方

{ image }
双木昭夫さんの手で童話の世界に登場する愛らしいキャラクターに扮した少女たちを眺めながらイマジネーションを膨らませて。

5ステップで完成アイメイクlesson
表情を大きく左右するアイメイクは、5ステップで詳しく解説しています。使用するのは、童話モチーフコスメが中心。メイクブラシを使い分けるのも、メイクをキレイに仕上げるコツ。

童話モチーフコスメ使用色はここをcheck
アイメイクの解説で登場するカラー（A〜D、ヘンゼルとグレーテルのみA〜F）は、この部分のイラストで確認。メイクブラシは使う前に軽くティッシュの上ではらうようにオフしてから使って。

{ lesson }
なりたい童話フェイスを決めたら、実際のメイクにトライ。左ページのメイクの完成写真を参考に、右ページの細かい解説をチェック。

1 パールの自然な輝きをプラス
2 ブラウンで目元に立体感を
3 たれ目ラインであどけなく
4 潤んだ瞳を印象づける涙袋に
5 イメージカラーでアクセントに

Use Item
アイメイク
チーク
リップ

ナチュラルだって気を引けったら
大好きな赤を纏ったら

こうなりたい憧れ童話フェイス
左ページのメイクの完成写真を見ながら全体のバランスを確認して。ヘアアレンジも参考にすれば、より憧れの童話ヒロインに近づけるはず。

アイシャドウ以外の使用アイテム
リップ、チーク、アイブロウやアイライナー、マスカラなど童話モチーフコスメ以外の使用アイテムはこの部分に掲載。手持ちのアイテムから近い色のものを使用してもOK。

白ウサギを追いかけて
不思議な可愛い世界へ
旅立ちましょ？

Before make-up……
メイクする前に

キレイなお肌は、可愛いメイクの基本。
日々のスキンケアから、ベースメイクまで、
いつものお手入れを見直してみて。

2 Steps Preparations　2段階の準備

⟪ Step 1 ⟫ Skin care

寝る前のメイクオフは鉄則。まずオイルなどでポイントメイクをオフし、たっぷりと泡立てた洗顔料で包むように洗って。しっかり洗い流したら、タオルで押さえるように水分を取り、たっぷりめに化粧水をつけ、ハンドプレス。数分置き、保湿ジェルを。

⟪ Step 2 ⟫ Basemake

ポイントメイクを崩れにくくするためにもベースメイクは必須。童話フェイスを目指すなら、ややマットめに仕上げてみて。洗顔後にスキンケアをしたら、肌の上の水分がなくなったらコントロールカラーをおでこ、頬、あごに少しずつつけ、顔全体にのばして。くすみがちな目元や口元、ニキビ跡などはコンシーラーをブラシでのせたあと、指で軽くはたくようにしてカバー。ファンデは、ファンデ用ブラシかスポンジでオン。ゴシゴシこすらないように、軽くのばすのがコツ。フェイスパウダーをブラシで軽くのせれば、崩れにくいベースメイクの完成。

A　化粧水
なめらかで明るい肌に導く。スキンチューナー スムーサー(S) ライト ¥3,400 (RMK)

B　保湿ジェル
肌にたっぷりと水分を与え、毛穴もケア。リフレシング ジェル ¥5,000 (RMK)

C　メイクアップベース
赤みを抑えるグリーン系。SPF20 PA++。ベーシック コントロールカラー 03 ¥2,000 (RMK)

D　コンシーラー
肌に合わせて3色をブレンド。SPF25 PA+++。クリエイティブコンシーラー ¥3,500 (イプサ)

E　ファンデーション
SPF18 PA++。〈ジャスミンカラー〉エッセンスファンデーション リキッド YN10 ¥3,800 (カバーマーク)

F　フェイスパウダー
ドール肌に仕上げて。SPF14 PA++。トランスルーセント フェイスパウダー 01 ¥4,500 (RMK)

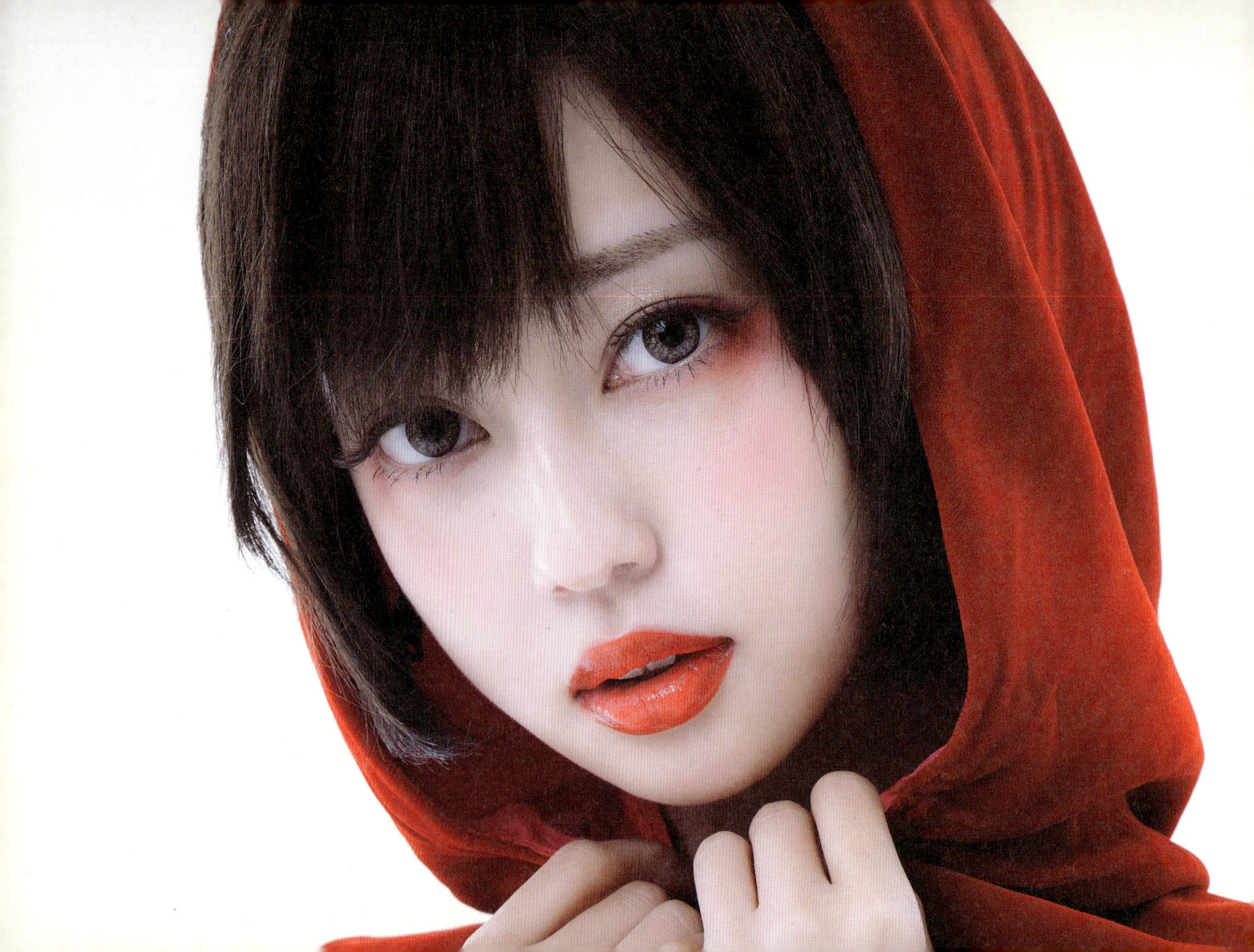

可愛いだけじゃ

可愛くないでしょ？

オオカミさん

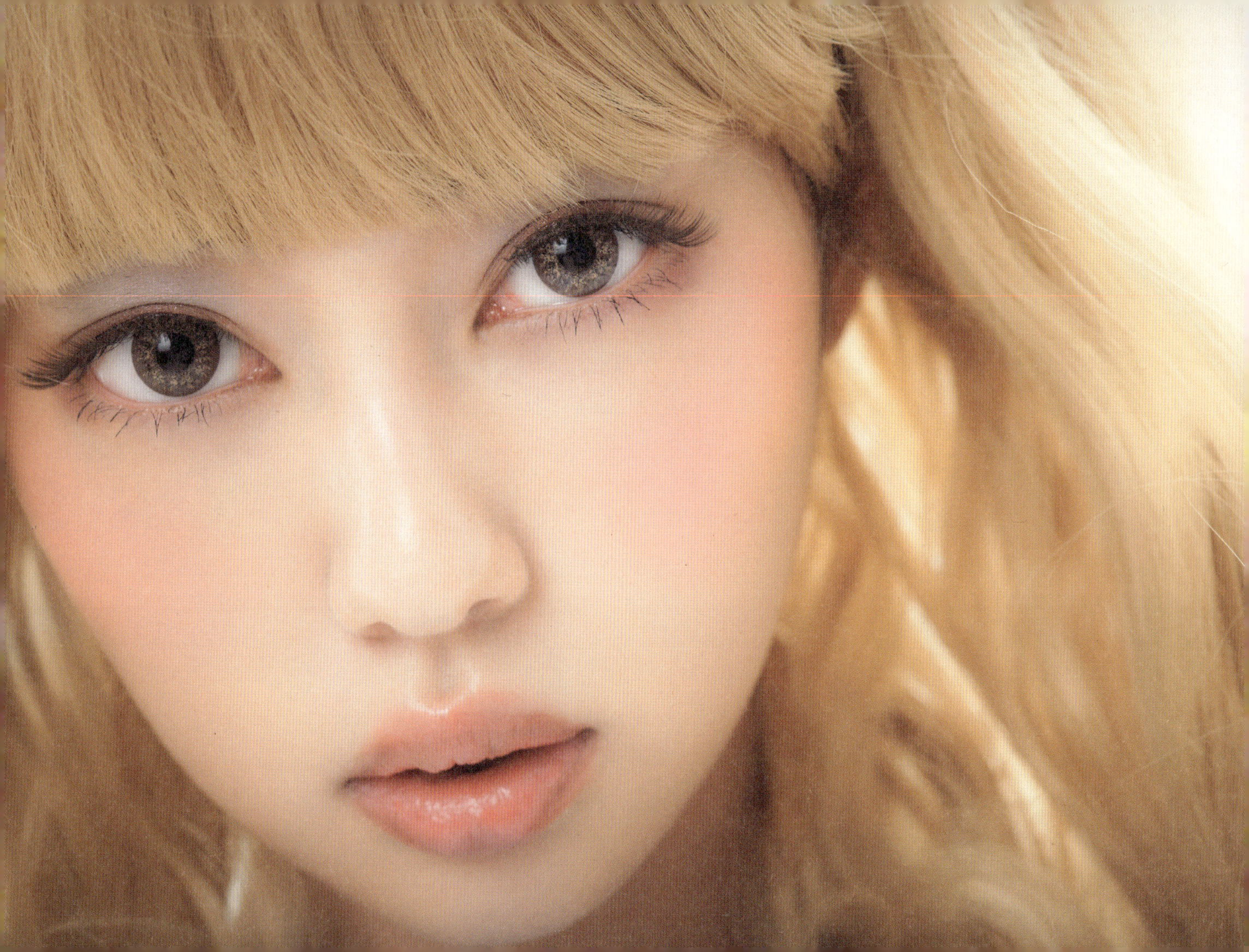

不思議の国だろうと

どこだろうと

私は、アリス

Lesson Page → 48P

ちょっとぐらい
リスクがあったほうが
ずっと楽しいものよ？

Lesson Page → 66P

怖いことなんてないよ
ぼくが君を守るから

……守られるだけじゃ
つまらないわ

Lesson Page → 80P

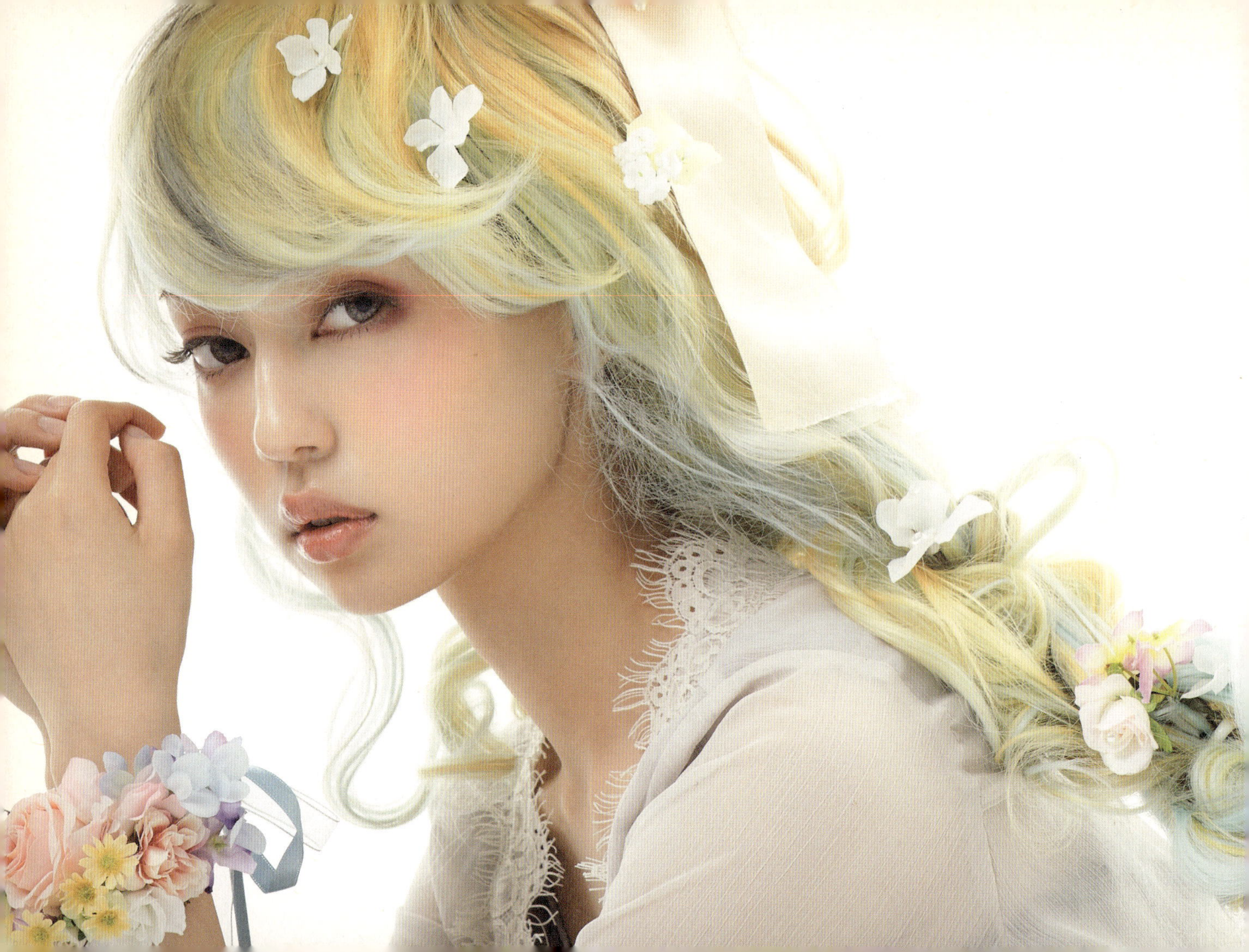

あなたのために伸ばした髪

そう解釈するのは

あなたの自由よ？

Lesson Page → 94P

やれやれ……
女王(ママハハ)さまも随分、
手の込んだこと
するのね

Lesson Page → 112P

Once upon a time……

[P5, 10-11, 20 アリス]ラビットバッグ￥30,000／RoseMarie seoir、アリスカールウィッグ￥6,750／Kira Cos、その他／ヘアメイク・スタイリスト私物 [P6]マーメイドキャミソール￥18,000／RoseMarie seoir、その他／ヘアメイク私物 [P8-9, 20 赤ずきん]チェリーリボンワンピース￥26,000、グリッターシューズ￥9,000／ともにRoseMarie seoir、マシュマロボブウィッグ A090￥4,600／Sweet star、その他／ヘアメイク・スタイリスト私物 [P12-13, 20 人魚姫]マーメイドワンピース￥11,800／an (sugar)、マーメイドクリップ各￥5,400、サンダル￥18000／ともにRoseMarie seoir、ファンタジーツインズ カラフルソーダウィッグ￥6,750／Kira Cos、その他／スタイリスト私物 [P14, 20 ヘンゼル]エンジェルカール ダークグレー ウィッグ￥4,200／airily、その他／ヘアメイク私物 [P15, 21 グレーテル]ホイップ ミントウィッグ￥6,600／Sweet star、その他／ヘアメイク私物 [P16-17, 21-22 ラプンツェル]チュールロングワンピース￥8,400／F&A、シフォンガウン￥7,400／an another angelus Limited、ダブルストラップサンダル￥6,800／an another angelus (以上すべてF i.n.t代官山店)、お花のヘッドピース、リストブーケともに参考商品／muchyes、フローラツインズ ミルキーミントウィッグ￥8,000／Kira Cos、参考商品／Sweet star、その他／スタイリスト私物 [P18-19, 21 白雪姫]ワンピース￥25,800、シューズ￥14,800／ともにAngelic Pretty (Angelic Pretty東京店)、花冠 参考商品／muchyes

Shop List

airily	http://airily.jp/shop/default.aspx
Kira Cos	☎ 042-505-8920
Angelic Pretty東京店	☎ 03-3405-9123
Sweet star	http://www.sweet-star.jp
sugar	☎ 025-228-4747
F i.n.t代官山店	☎ 03-5489-3875
muchyes	@muchyes_yoko (Instagram)
RoseMarie seoir	☎ 03-6416-1221

いつもと違うメイクで、
いつもと違う私
新しい、可愛いと出会って……

Chapter 1

赤ずきん

Little Red Riding Hood

"Grandma, Where did yo

そのお耳はどうしてそんなに尖っているの？
目は光っているし
お口もずいぶんと大きいのね

大好きな赤を纏ったら

オオカミだって虜にしてみせる！

童話の国のDOLL MAKE

026

赤ずきん

EYE SHADOW

A	B
C	D

1
パールの自然な輝きをプラス
Bをアイホール全体にふんわりのせる。肌なじみのよいゴールドで、まぶたのくすみを払拭。ぱっちりとした明るい印象に

2
ブラウンで目元に立体感を
Cを上まぶたのキワにのせ、二重の幅にぼかす。太くグラデーションをつけてしまうと、オオカミのようなキツイ目になるので注意！

3
たれ目ラインであどけなく
茶のリキッドアイライナーで、上まぶたにアイラインを引く。目尻に沿って自然に下げ、3mmほどオーバーさせる

4
潤んだ瞳を印象づける涙袋に
Dを下まぶたの目頭から目尻に向かってのせ、ハイライトを入れる。涙袋を強調することで、白目をハッキリとさせ潤んだ瞳を強調

5
イメージカラーでアクセントを
Aで、下まぶたの目尻に、涙を流した跡のような赤みをのせる。ライン感を出さずに、ふわっと染めるようなイメージで仕上げるのがコツ

Use Item

アイメイク
なじみやすいブラウンで、目元に統一感を演出
左：リキッド ノーブルブラウン ¥1,600（ラブ・ライナー）、右：アイブロウカラーN BR-1 ¥850（ケイト）

チーク
全体にふんわりと円を描くようにのせる
パウダー ブラッシュ 06 ¥3,000 ※セット価格（ポール ＆ ジョー ボーテ）

リップ
上唇の輪郭をつくらず、ムラなくぬる
カラーラッピングルージュ RD-1 ¥1,400（ケイト）

童話の国のDOLL MAKE　赤ずきん

Who are you?

嗚呼、可愛い赤ずきん、
私のこの大きな手は
お前を抱きしめるためなんだよ

おいしいケーキと上等な葡萄酒を

お腹いっぱい召し上がれ

童話の国のDOLL MAKE
030
赤ずきん

赤とパールのコントラストが
物憂げな少女の瞳に光を集める

EYE SHADOW

1
パールの透明感をオン
Dをアイホール全体にのせる。まばたきのたびに、朝つゆに濡れた花びらのようなパールホワイトの輝きで、無垢な少女らしさを表現

2
変則レッドでキュートな視線を
Aで目頭と目尻をくの字に囲む。目頭にもポイントカラーをおくことで、くるくると表情を変える、好奇心豊かな少女の視線を演出

3
目頭にパールの光をさして
Dを目頭にのせハイライトを入れる。輝きのあるハイライトカラーを目頭に重ねて入れることで、ぱっちり目のドールフェイスを目指して

4
アイラインを細く長く引く
上まぶたのキワに黒のリキッドアイライナーで長めにアイラインを引く。目尻から少し跳ね上げて描くと、よりぱっちりした目元に

5
瞳を強調して丸い目元に
Dを下まぶたの中央にのせる。このとき涙袋にパールを丸くのせるのがコツ。この効果で目の縦幅が広がり、大きな瞳を印象づける

Use Item

アイメイク
眉はナチュラルに仕上げ、印象的な目元に
左：リキッド リッチ ブラック ¥1,600（ラブ・ライナー）、右：アイブロウカラーN BR-2 ¥850（ケイト）

チーク
頬の真ん中から外へ、ぼかすように
パウダー ブラッシュ 09 ¥3,000（セット価格）（ポール＆ジョー ボーテ）

リップ
リップラインをぼかし、ほんのり色づくようにぬる
リップスティック 309、ケース ¥3,000（セット価格）（ポール＆ジョー ボーテ）

童話の国のDOLL MAKE　031　赤ずきん

who am i...?

これは夢？ それとも現実？
ねぇ、その大きくて鋭い牙は何のため？
……それはお前を食べてしまうためだよ

絶体絶命!?
胸の鼓動が早鐘を打って止まらない
お願い、誰か私を助けて!

まぶたに、頬に、唇に、
赤の魅力が舞い降りる

童話の国のDOLL MAKE

034

赤ずきん

EYE SHADOW

1 赤で花びらみたいなまぶたに
Aをアイホール全体にふんわりとぬる。まぶたの中心は、幅が太めになるようにアーチ状にぬり、黒目との縦幅を広く見せる

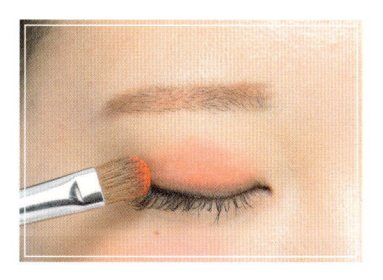

2 やわらかなラインでぱっちりと
Cで上まぶたのキワに目頭から目尻までラインを引く。アイホールのレッドとミックスしないよう、ぼかさずにすっとのばして

3 目尻のラインで涙目風に
下まぶたの目尻から、黒目のはじまでAでラインを引く。鏡を見て黒目の位置を意識しながら、流すようにさっと引くのがコツ

4 切開ラインで目元に奥行きを
Cで目頭をくの字に囲む。このひと手間で、アイラインのように輪郭を強調させる効果も。またブラウンで目元を優しい雰囲気に見せられる

5 囲みラインで引き締める
下まぶたのまつ毛のキワにCでラインを引く。目頭の切開ラインと、上まぶたからの流れをつなぐように、囲み目に仕上げる

Use Item

アイメイク
パウダーのアイブロウで、ふんわりとした眉に
アイブロウパウダー 02 ¥3,200（ジルスチュアート ビューティ）

チーク
頬の真ん中から外側へ向かって、ぼかしながらのせる
プレストチークカラー 06 ¥3,800、ケース ¥1,500（ともにレ・メルヴェイユーズ ラデュレ）

リップ
マットな質感の口紅を全体にムラなくぬる
カラーラッピングルージュ RS-1 ¥1,400（ケイト）

童話の国のDOLL MAKE 赤ずきん

キミがもしも救世主なら
オオカミを今すぐ射止めて！
この窮地から私を連れ出して

覚悟を決めたら
大きなハサミでひと思いに
オオカミのお腹を切り裂くわ

growl

無垢な心に勇気をくれる
ポイントカラーのおまじない

EYE SHADOW

A	B
C	D

1
ゴールドの輝きで自然な陰影を
Bをアイホール全体にのせてぼかす。光を集めるゴールドで、視線やまばたきで自然な陰影を生み出して、瞳を明るい印象に

2
レッドで泣いたような余韻を
Aを下まぶたの目頭から涙袋にかけてさっとひとぬり。幅が広すぎたり、ぼかしすぎるとダークな印象になってしまうから気をつけて

3
視線を印象づけるラインを
黒のリキッドライナーで、目尻を少し長めに跳ね上げてアイラインを引く。目尻の部分だけやや太くし、抜け感を重視して

4
目頭のラインでくっきりアイに
黒のリキッドライナーで目頭に切開ラインを引く。目頭をほんの少し尖らせるイメージで、アイラインとつなげるように引く

5
カラーの眉で愛らしく
Aをアイブロウ代わりに使い、眉に沿ってのせていく。下まぶたのレッドとのバランスを見ながら、ほんのり色づくようにのせるのがコツ

Use Item

アイメイク
目尻を少し太くし、
跳ね上げるように引くのがコツ
リキッド リッチブラック ¥1,600(ラブ・ライナー)

チーク
頬の中心より外側に、
赤をほんのりとのせる
パウダー ブラッシュ 03 ¥3,000(セット価格)(ポール&ジョー ボーテ)

リップ
オーバーライン気味にぬり、
ぽってり唇に見せる
カラーラッピングルージュ RD-2 ¥1,400(ケイト)

童話の国のDOLL MAKE

039

赤ずきん

"Good day, Little Red Riding Hood."

Once Upon a time...

首をもいだ可愛いお花
落ち葉の下の蟬の抜け殻
堅くて醜い何でもない石ころ

森の中で
両手いっぱい集めましょう

そしたら
オオカミのお腹の中に詰め込んで
チクチク縫い合わせるの

童話の国のDOLL MAKE

042

赤ずきん

赤の陰影を味方につけて
野イチゴのように甘く可憐に

EYE SHADOW

1 赤のグラデで愛らしく
Aをアイホールにのせ、まぶたのキワから広がるようにぼかして、ワンカラーグラデーションをつくる。濃すぎると少女らしさが失われてしまうので注意

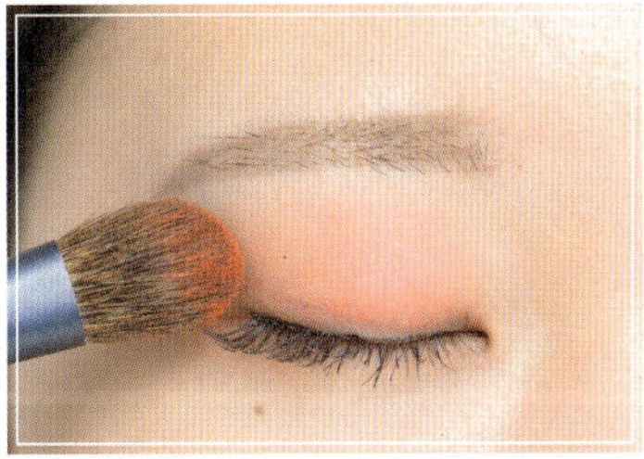

2 涙袋にもレッドをオン
下まぶたのキワにAをのせる。アイホールからの流れを目尻でつなげるように、なるべくまつ毛のキワにラインを引くイメージで

3 ダークカラーで奥行きを
Cを目尻のくぼみにのせ、影を落とす。上まぶたのキワから、下まぶたの目尻をつなげて、目元に奥行きを持たせる

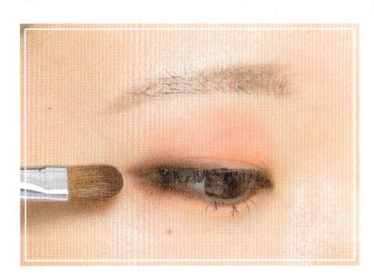

4 ラインで丸いフォルムに
茶のリキッドアイライナーでアイラインを引く。このとき、上まぶたの中央を太めにすると、より大きな瞳に見せる効果アリ

5 目頭に印象的な輝きを
Bで目頭をくの字に囲む。レッドと相性のいいゴールドでハイライトを入れることで、目元をすっきり引き締める

Use Item

アイメイク
ナチュラルな眉で、目元を強調
左:リキッド ノーブルブラウン ¥1,600(ラブ・ライナー)、右:アイブロウ パレット 01 ¥4,500 (レ・メルヴェイユーズ ラデュレ)

チーク
目元を引き立たせるため、薄いピンクを頬にオン
パウダー ブラッシュ 05 ¥3,000 ※セット価格 (ポール & ジョー ボーテ)

リップ
唇の内側を濃くし、グラデーションにするのがコツ
左:ジェリーリップグロス N.04 ¥2,200、右:リップブロッサム 18 ¥2,800 (ともにジルスチュアート ビューティ)

童話の国のDOLL MAKE

043

赤ずきん

Column 1 │ *About* 童話モチーフコスメ "赤ずきん"

Twitter上でもしばしばトレンド入りを果たすほどの人気を集めるTCBさんが、「童話モチーフの化粧品があったら欲しいな」とつぶやいたのが「童話モチーフコスメ」誕生のきっかけ。赤ずきんはその記念すべき第一弾。

From TCB

「童話モチーフのコスメがあったら、と考えたとき真っ先に思いついたのが赤ずきん。男はオオカミではなく、女の子のほうがオオカミというイメージがベースにあります」

Package

商品化を進めるにあたって、童話をテーマにするならぴったり、と実際のパッケージは本型に

童話モチーフコスメ "赤ずきん"
¥3,800（ワークワーク）

赤ずきん
Little Red Riding Hood

赤ずきんといえば、やっぱり赤。アイシャドウとしては珍しいマットな赤は、発色の鮮やかさが特徴

狼の尻尾
Howling Cauda

オオカミの尻尾をイメージしたマットな深いブラウン。まぶたのキワに入れたり、アイライン代わりに使っても◎

銅の月
Copper Moon

きらめくパーリーなゴールドは、目元に華やかさをプラス。肌なじみもよいので、見た目より使いやすいのも◎

Illust

「可愛いふりして男を騙すオオカミ。あなた（＝オオカミ）に食べられる立場じゃなくて、私（＝赤ずきん）のほうからあなたを襲う。そんな強気なイメージ」

白いばら
Suitable For You

ホワイトパールは、ハイライトとして活躍。涙袋にオンするなど、目元を立体的に見せてくれる

Chapter 2

不思議の国の
アリス

Alice's Adventures in Wonderland

それは、金色に輝く
ある日の昼下がりの物語

ねぇ、鏡の向こう側の世界を
キミは知ってる？

I AM NOT like Others girl

窓の外はいい天気

ウサギさん

私をどこかに連れ出して

アリスのアイコンカラーでふわふわドリーミィな気分

EYE SHADOW

A B C D

1
水色の効果で透明感を 

Aをアイホール全体にのせる。上まぶたの中央に高さを出すように、丸いイメージで。うっすら青みをのせて、透明感のある目元に

2
同系色で濃淡をつける

Bを上まぶたのキワにラインを描くようにのせる。二重の幅にぼかして、同系色の自然なグラデーションを仕込み、奥行きを持たせる

3
自然なアーチでつり目っぽく

黒のリキッドライナーで上まぶたのキワにアイラインを引く。目尻は2mm程度長めに引いて、ちょっぴり生意気なつり目のイメージに仕上げて

4
ハイライトで光を集める

Dを下まぶたのキワと目頭にのせ、ハイライトを入れる。涙袋は潤み目効果のあるハイライトカラーで強調して、イノセントな瞳に見せて

5
ポイントカラーで愛らしく

Cを目尻の三角ゾーンを埋めるようにのせる。下まぶたの目尻にポイントカラーをおくことで横幅を強調したワイド目効果あり！

Use Item

アイメイク
眉はナチュラルにして、目元を強調

左：リキッド リッチブラック￥1,600（ラブ・ライナー）、右：キャンメイク カラーチェンジ アイブロウ 02 ￥500（キャンメイク）

チーク
頬全体に濃いピンクをふんわりとのせる

ミックスブラッシュ コンパクトN 02 ￥4,500（ジルスチュアート ビューティ）

リップ
全体にムラなくぬって、ナチュラルな優しい雰囲気の唇に

リップブロッサム 11 ￥2,800（ジルスチュアート ビューティ）

童話の国のDOLL MAKE

049

不思議の国のアリス

merry merry

Merry Unbirthday
TO YOU!!

さぁ、アリス
おいしい紅茶で、乾杯しよう
帽子屋と三月ウサギ、
ヤマネたちが居ない間に──
ここでは毎日が記念日なんだ
なんでもない日、おめでとう！
ぼくたちが出会えた運命、ありがとう！

童話の国のDOLL MAKE

052

不思議の国のアリス

今日はカラーパレットに色探び♪

ウサギの目元は丸く可愛く！

1
赤みを抑えてクールに
Bをアイホール全体にのせ、外に向かってふんわりと広げてなじませる。まぶたの赤みを抑えて、クールな目元のベースが完成！

2
目のキワを引き締める
Bを上まぶたの中央から目尻にかけて、すっとラインを引くようにのせる。二重幅で濃いめにのせると目元が引き締まった印象に

3
跳ね上げラインで大胆な目元に
黒のリキッドアイライナーで、アイラインを引く。このとき目尻に向かって太くなるようにし、目尻は思い切って跳ね上げて

4
下まぶたにキュートな赤みを
Cを下まぶたのキワにラインを引くように細くのせる。目尻は2度ぬりすると、立体感が出て、小動物のような丸い瞳の目になる

5
目頭にパールのツヤをオン
Dを下まぶたの目頭に、ポンポンとおくようにして丁寧にのせる。目頭にパールの光を集めることで、華やかな雰囲気がアピールできる

Use Item

アイメイク
ふんわり眉と跳ね上げラインでキュートな目元に
左：リキッド リッチブラック ¥1,600（ラブ・ライナー）、右：アイブロウ パレット 02 ¥4,500（レ・メルヴェイユーズ ラデュレ）

チーク
頬の中心に、ふんわり丸くのせる
プレスト チークカラー 02 ¥3,800、ケース ¥1,500（ともにレ・メルヴェイユーズ ラデュレ）

リップ
輪郭に沿ってぬり、ジューシーな唇を演出
フォーエヴァージューシー オイルルージュ 03 ¥2,800（ジルスチュアート ビューティ）

EYE SHADOW
A B C D

童話の国のDOLL MAKE

053

不思議の国のアリス

then, I went down, down, down, down, down, down, down, down, down, down, down, down, down, down.

この世界には
へんてこがいっぱい
そう、ここは童話の中の
不思議の国

What road do I take?

THIS WAY
THAT WAY
HERE

Then it doesnt matter
IF you dont know
where you are
going any road
you will GET
there.

GET THERE

うるうる瞳でおねだり上手

まん丸アイズの白ウサギ

童話の国のDOLL MAKE

056

不思議の国のアリス

EYE SHADOW

A B C D

1 ホワイトで光を集める
Dをアイホール全体にぬる。白ウサギのイメージで青みがかったホワイトが光を集め、透明感ある目元のベースをつくる

2 にじみボルドーで潤んだ瞳に
Cを上まぶたのキワに太めのライン状にのせる。目尻はつり目っぽくなるように、すっとのばして。目に横幅を出してぱっちりと

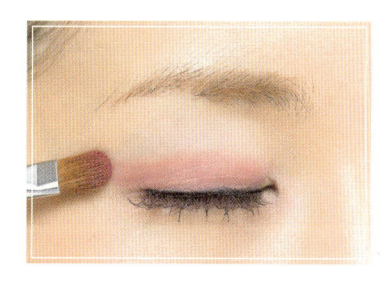

3 ワイド目効果の囲みカラー
Cを下まぶたのキワにのせ、目を囲むように上まぶたのカラーとつなげる。涙袋より太くなるとクマのようになるので注意して

4 跳ね上げラインでキュートに
茶のリキッドライナーでまぶたのキワにアイラインを引く。目尻は少しつり目になるよう、すっと跳ね上げるイメージで

5 目のフォルムを強調させる
茶のリキッドライナーで目頭にくの字にラインを引く。目尻の跳ね上げラインとバランスをとりながら、丸いアイフォルムを演出

Use Item

アイメイク
眉とアイラインはブラウン系で自然に仕上げる
左：リキッドノーブルブラウン￥1,600（ラブ・ライナー）、右：アイブロウパレット02￥4,500（レ・メルヴェイユーズ ラデュレ）

チーク
目元の印象が強いので、チークは抑えめに。ふんわりのせるくらいでOK
パウダーチークス PW37￥550（キャンメイク）

リップ
唇の輪郭に沿ってぬり、ぷるんとジューシーにな印象に
リップブロッサム 17￥2,800（ジルスチュアート ビューティ）

童話の国のDOLL MAKE

057

不思議の国のアリス

Love makes THE World GO AROUND

森の中には扉が１つ
まばゆいお花、冷たい噴水、
素敵なお庭さんこんにちは！

望遠鏡の中みたいに
体が小さくなっちゃった

涙のブルーと
ウサギのレッドアイ

どっちの可愛いも私のもの

EYE SHADOW

A	B
C	D

1 水色でワントーンアップ
Aをアイホール全体に、幅広くぼかしながらのせる。涼しげで透明な印象のアイシーカラーで、儚げな印象の目元に見せて

2 下まぶたもほんのり水色に
Aを下まぶたの目尻にものせる。上まぶたのシャドウが反射するようなイメージで、ほんのり色づく程度にうっすらとぬるのがコツ

3 赤の効果で涙目っぽく
Cでまぶたのキワに細くラインを引く。目の輪郭ははっきりとさせながら、にじむような発色カラーでまどろむような雰囲気に

4 目尻の赤みで涙目っぽく
Cを下まぶたの目尻から1/3までライン状にのせる。3の上まぶたのラインとつながるように、目尻の三角ゾーンもしっかりとぬる

5 目頭にドリーミィな抜け感を
Cを目頭にもくの字に入れる。じんわりと染まる目元を強調し、ふわふわと大きくて、ドリーミィな印象の瞳に見せて

Use Item

アイメイク
眉はやや赤みのあるブラウンで目元とイメージを合わせる
ミックスアイブロウ 02 ¥600（キャンメイク）

チーク
薄めのチークで目元を際立たせて
プレスト チークカラー 02 ¥3,800、ケース ¥1,500（ともにレ・メルヴェイユーズ ラデュレ）

リップ
輪郭に沿って丸くぬり、優しい雰囲気の唇に
リップブロッサム 19 ¥2,800（ジルスチュアート ビューティ）

童話の国のDOLL MAKE

061

不思議の国のアリス

Column 2 │ About 童話モチーフコスメ "不思議の国のアリス"

メイクは相手を可愛く誘惑し、ある意味"騙す"ための手段。メイクの持つそんな側面と、童話の主人公を重ね合わせて童話モチーフコスメを開発したというTCBさん。第２弾は、童話ヒロインの中でもテッパンのアリスが登場。

From TCB

「童話の主人公の中では、もっとも天然の不思議ちゃん、という印象。色もブルー系のイメージが強く、配色にはちょっと苦労しましたが可愛く仕上がりました」

Package

革表紙の洋書をイメージしたパッケージは、凹凸のある素材を使用したこだわりのデザイン。

童話モチーフコスメ "アリス"
¥3,800（ワークワーク）

アリス
Alice
アリスのワンピースの色になぞらえたパール入りの落ち着いた水色。儚げな印象を抱かせるやわらかな発色

10/6
In this Style 10/6
帽子屋がかぶっているシルクハットの値札に記された言葉が色名の由来。アイラインにもなる深みのあるブルー

Illust

「天然不思議ちゃんであり、純粋であどけない、というイメージがあります。何を考えてるのかわからなくて、どこかへ連れ去りたくなる危うさも魅力」

何でもない日
Unbirthday
レンガ色に近い落ち着いた色の赤は、マットな発色。ぼかしやすく、肌なじみがよいのも使いやすい

涙の瓶
Glass Bottle Of A Tear
体が大きくなったり、小さくなったり。泣き出してしまうアリスの涙のような青みがかったパールホワイト

Chapter 3

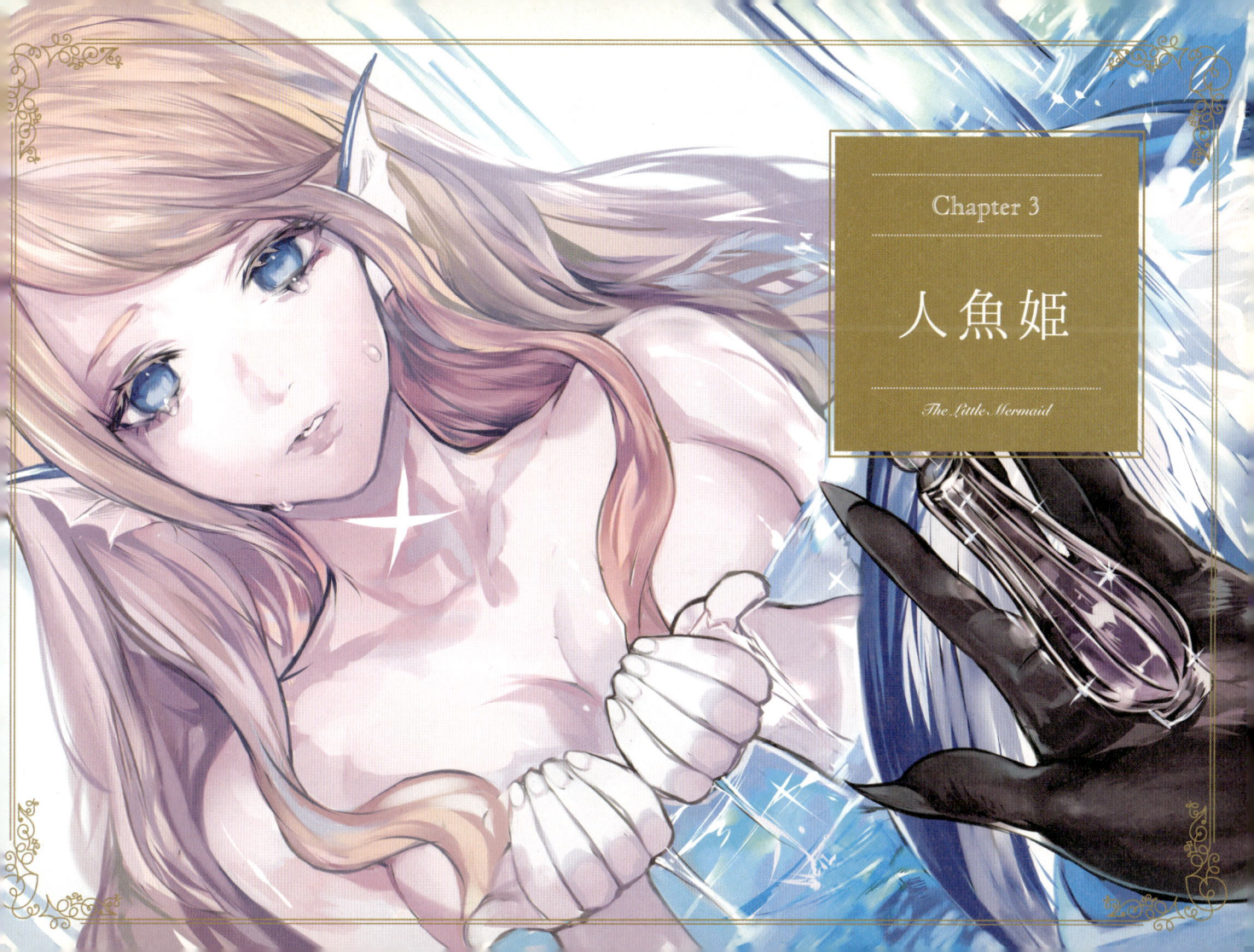

人魚姫

The Little Mermaid

さようなら王子様……
あなたを殺めるぐらいなら
私は海の泡となりましょう

The Little Mermaid

嗚呼、神様
人間の姿になれるなら
喜んでこの声を捧げます

花びらのように
透き通る肌を赤らめて

童話の国のDOLL MAKE

066

人魚姫

EYE SHADOW

1
水面のように光を集める
Aをアイホール全体に薄くのせ、自然に光を集めて目を大きく見せる効果をプラス。入れすぎると下品に見えてしまうので、要注意！

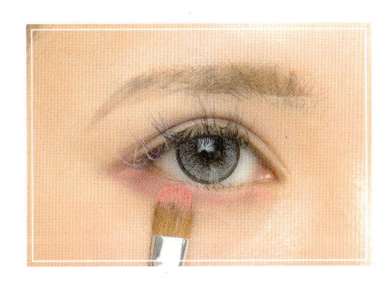

2
人魚姫の涙の跡をイメージ
目のキワにしっかりとDをのせてからぼかし、涙の跡がついたような印象に。一度では薄いようなら、好みの色になるまで重ねづけする

3
奥行きを出してくっきりと
目尻の三角ゾーンにくの字にCをのせ、奥行きを出す。このひと手間でナチュラルに横幅を大きく見せ、ぱっちりとした目元をつくる

4
細いアイラインで繊細に
中央から目尻にかけて茶のリキッドアイライナーでアイラインを引く。目尻から3mm程度はみ出しながら、すっと自然に上につり上げて、繊細な印象に

5
隠しラインで黒目を強調
下まぶたの中央に茶のペンシルアイライナーでインラインを引いて少しぼかす。目の下にもラインを引くことで、黒目をくっきり見せて

Use Item

アイメイク
ブラウンで統一して、優しい目元に
左：ペンシルエクストラスムース ノーブルブラウン、右：リキッド ノーブルブラウン 各¥1,600（ともにラブ・ライナー）

チーク
黒目の下あたりに縦長に丸くのせる
パウダーブラッシュ08 ¥3,000 ※セット価格（ポール＆ジョー ボーテ）

リップ
色みは出さずにツヤッと仕上げて
リップブロッサム19 ¥2,800（ジルスチュアート ビューティ）

童話の国のDOLL MAKE　人魚姫

念願の脚を手に入れられたのに

キシキシと胸が痛んで、涙が溢れるのはなぜ

声はなくとも
ドキドキのこの胸の鼓動で
あの人に想いが届きますように

涙に潤む 濡れた瞳を
ゴールドの輝きで慰めて

童話の国のDOLL MAKE

070

人魚姫

EYE SHADOW

A B C D

1 奥行きを出して大きな目に
目頭から黒目の上あたりまで、ラインを引くようにCをのせる。このとき目をかたどるようにすると奥行きが出て、瞳がパッと大きく見える

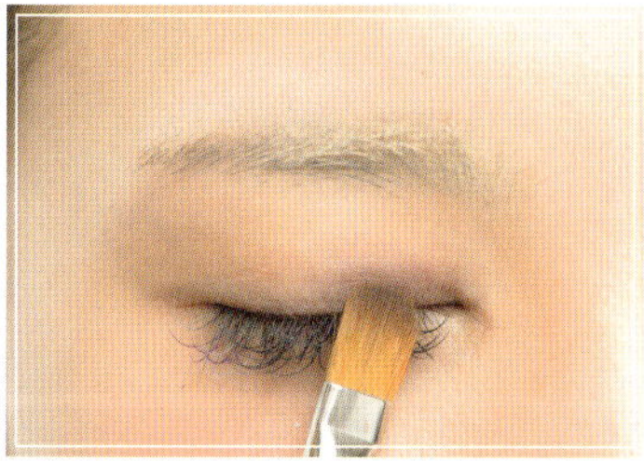

2 陰影の魔法で立体感を出す
Cを目尻の三角ゾーンにくの字にのせる。上下のまぶたに強い印象を持たせて陰影をつけ、人魚姫のような大きくつぶらな目元に

3 ゴールド使いで華やかさを
1と2の色の間をグラデにつなぐようにBをのせる。ゴールドを大胆にあしらい、水中できらめく人魚姫のような華やかな目元を演出

4 水滴の透明感を下まぶたに
涙袋にもBをひとぬり。涙袋にもゴールドの光を仕込み、人魚姫のようなみずみずしいイメージを。黒目をつぶらに輝かせる効果もあり

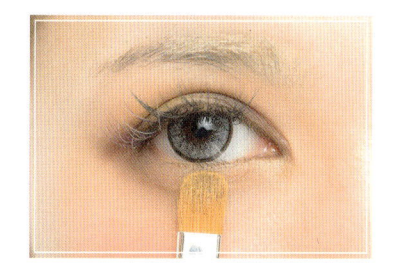

5 細いアイラインで清楚な印象に
茶のリキッドアイライナーでまつ毛の間を埋めるようにラインを細く引く。線が太くなると目元の印象が弱まるので丁寧に

Use Item

アイメイク
アイブロウとアイラインの色を合わせて自然な目元に
左：リキッド ノーブルブラウン ¥1,600（ラブ・ライナー）、右：カラーチェンジ アイブロウ 04 ¥500（キャンメイク）

チーク
目の横あたりからこめかみにかけて、ふんわりと丸く色づけて
パウダーチークス PW37 ¥550（キャンメイク）

リップ
中心を濃くぬって立体感をオン
フォーエヴァージューシー オイルルージュ 09 ¥2,800（ジルスチュアート ビューティ）

童話の国のDOLL MAKE 　071 　人魚姫

明日の朝

私は透明な泡になる

そしたら今度は空に昇って

いつまでもあなたを見守るわ

...uld I give to Live Where You Are?

キラキラと太陽の光に透ける
空気の妖精みたいに軽く

童話の国のDOLL MAKE
074
人魚姫

EYE SHADOW

1
ゴールドでまぶたに輝きをオン
アイホール全体にBを自然にのせてぼかす。パッと目を引くゴールドにキラキラと光が集まり、瞳が輝いて見える効果あり

2
ふんわりと優しい目元に
目尻の三角ゾーンにDをくの字にのせる。赤みの効果で温かみを出しつつ、目の横幅を広く見せ、うるうると涙が浮かんだような印象に

3
目元の陰影で2次元っぽく
目頭にもDを、くの字にのせて。絵本から抜け出てきたような、2.5次元っぽさを演出。色をのせすぎたときは、ぼかして対処を

4
ちょこっとラインで目力アップ
黒のペンシルアイライナーで目頭にくの字のラインを入れる。ペンシルの自然さを活かしながら、くっきりと力強い印象の目元を演出

5
まっすぐラインで美しく
黒のリキッドアイライナーで目のキワにラインを引く。目尻は少し長めにまっすぐのばし、横幅を広く見せてクールに仕上げて

Use Item

アイブロウ
華やかな目元に合わせて、明るめのブラウンをオン
左：ペンシルエクストラスムース リッチブラック、中：リキッド リッチブラック 各¥1,600（ともにラブ・ライナー）、右：アイブロウカラーN BR-2 ¥850（ケイト）

チーク
頬の真ん中にポンポンと丸くのせて可愛く仕上げて
グロウフルール チークス 07 ¥800（キャンメイク）

リップ
全体にムラなくぬり、ぷるぷるの唇に
フォーエヴァージューシー オイルルージュ 01 ¥2,800（ジルスチュアート ビューティ）

童話の国のDOLL MAKE

075

人魚姫

Column 3 | *About* 童話モチーフコスメ "人魚姫"

"童話の主人公＝ただの純朴な可憐な少女"ではなく、ひとりの女性であることを重視してディレクションしたと語るTCBさん。悲劇のヒロイン、人魚姫のひたむきでまっすぐな愛にも芯の強さを感じているそう。

From TCB

「全体に童話モチーフコスメの中では、主人公たちを強気な子たちととらえていますが、人魚姫は展開がどうしても悲劇的。泡のように淡く、切ない色を選びました」

Package

パッケージの表面、裏面には、童話の主人公のシルエットとタイトルを金色や銀色で箔押し。

童話モチーフコスメ"人魚姫"
¥3,800（ワークワーク）

人魚姫
The Little Mermaid
海底のプリンセス、人魚姫をイメージさせるパールを帯びた上品なスミレ色。シャープで大人びた印象に

沈む宝剣
Sunken Sword
深海の宝箱に詰まった金貨をイメージしたという、黄みの強いパーリーなゴールドは、肌なじみがよいのも◎

Illust

「弱々しく儚げな悲劇のヒロインだけれど、そこに王子様を手に入れようとする強さを漂わせて、童話モチーフコスメらしいキャラ設定に」

魔女の契約
Contract With The Witch
儚さの中にも芯の強さをプラスできるマットなダークパープルは、ブラウンに近い色みなので、アイラインにも

憧れ
Longing
海底を彩る珊瑚をイメージしたマットな明るめのピンク。なりたい目元に合わせて幅広く使える便利なカラー

Chapter 4

ヘンゼル
と
グレーテル

Hansel and Gretel

cake
caramel
YUM

cherry
pie
GOOD
smell

Hansel AND Gretel

TREATS
SUGAR
tasty

小鳥のさえずりが道案内
落ち葉の絨毯を踏みしめて
さあ、進もう
深い深い森の中へ——

歩き疲れたなら
ぼくの肩でそっとおやすみ

不安にたゆたう大きな瞳を
お菓子みたいな色で甘く包んだ

童話の国のDOLL MAKE

080

〜ヘンゼルとグレーテル

EYE SHADOW

1 ビスケット色で甘い印象に
Cをアイホール全体にムラなくぬる。眼球のカーブに沿うように、ふんわり丸くのせて、上まぶたの中央に高さを出すのがコツ

2 赤みを差してジューシーに
二重の幅にBをのせる。このとき、アーモンド形を意識して、横幅を目尻から少しはみ出すようなイメージでのせると目力アップの効果あり

3 上まぶたとトーンを統一
Cを下まぶたの目頭から目尻にかけて、さっとひとぬりし、うっすらと色づける。上まぶたの色が映り込むようなイメージでふんわりと

4 サークルカラーでキュートに
Bを下まぶたの中央の黒目の下に、ポンと丸くのせる感覚で色を置く。キュートな印象の赤みが、黒目をぐっと引き締めて見せてくれる

5 ライン使いで愛らしく
茶のペンシルライナーで、上まぶたのキワにアイラインを引く。このとき、黒目の上を少し太く描くところんとした目元に仕上がる

Use Item

アイメイク
アイブロウとアイラインはブラウンで統一して自然に

左：ペンシルエクストラスムース ノーブルブラウン￥1,600（ラブ・ライナー）、右：ミックスアイブロウ 01￥600（キャンメイク）

チーク
オレンジ系は頬全体に、ピンク系は黒目の下あたりにちょこんとのせる

左：パウダーチークス PW25、右：パウダーチークス PW37 各￥550（ともにキャンメイク）

リップ
薄く均一にムラなくのせて、清楚な唇に見せる

リップブロッサム 09￥2,800（ジルスチュアート ビューティ）

童話の国のDOLL MAKE

ヘンゼルとグレーテル

窓ガラスは氷砂糖
テーブルの上には大きなリンゴや
温かいミルクもあって
このお家はとっても素敵ね

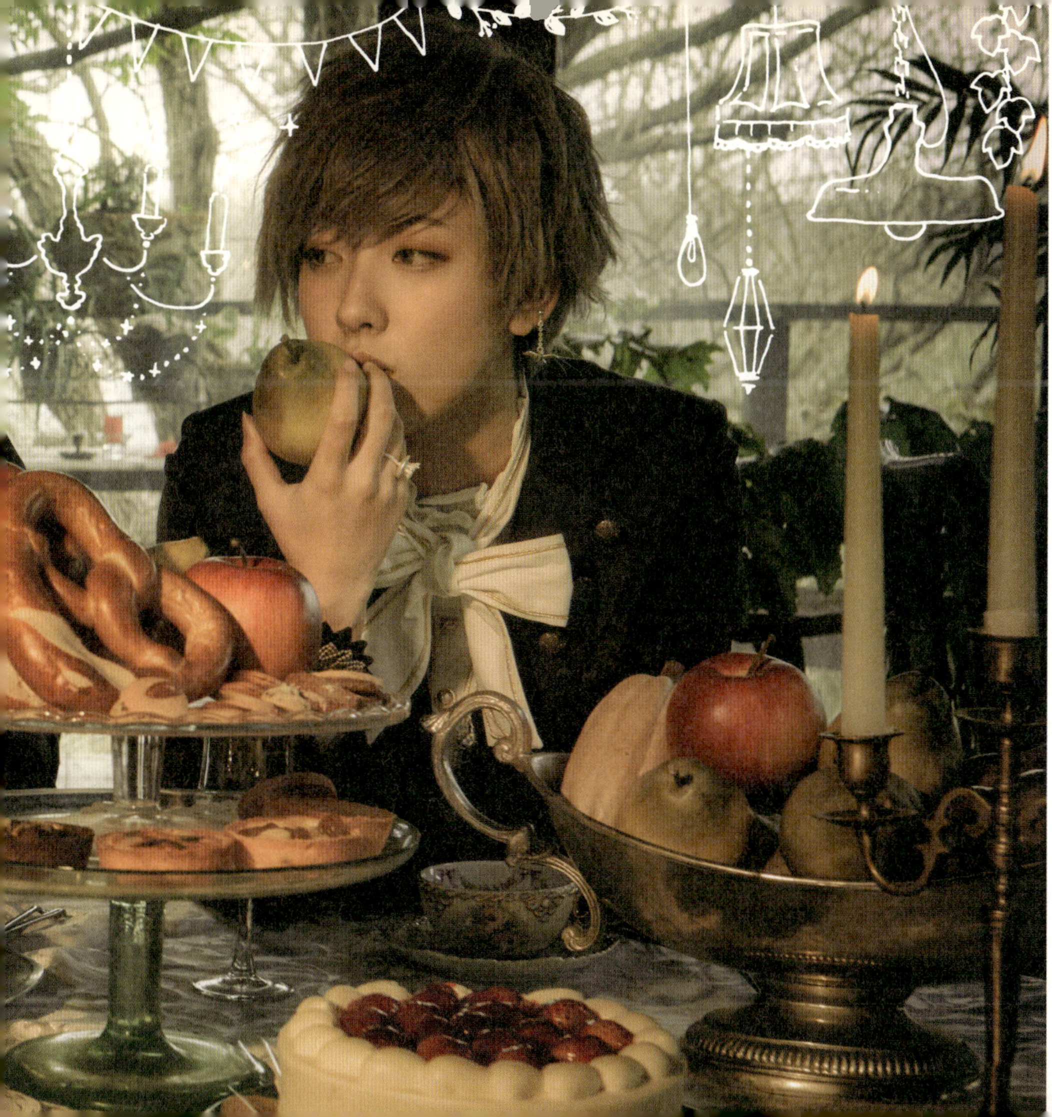

お菓子を食べて満たされて
グリーンの魔法でうっとり甘く

童話の国のDOLL MAKE

084

〜へんぜるとぐれーてる

EYE SHADOW

1
パール使いでくすみを払拭
Fをアイホール全体にムラなくぬる。キラキラのパールと落ち着いたシルバーのダブルの輝きで、トーンを整え明るいベースをつくる

2
切れ長のクールな目元に
Dを二重の幅にのせ、目尻から5mm程度はみ出して、すっとラインを描くようにふんわりとのせる。切れ長な陰影をそっと仕込んで

3
目頭のハイライトで光を集中
Fを目頭の切開ラインにくの字にのせ、ハイライトをオン。パールの輝きが光を集めて、うるうると輝く瞳に見せる効果あり！

4
ダークな影で引き締める
Dを下まぶたの目尻から1/3の部分にのせる。このとき、跳ね上げないように注意して、上まぶたとつなげるようなイメージで

5
目尻を強調して切れ長に
茶のリキッドライナーで上まぶたのキワにアイラインを引く。目尻は太めに5mm程度はみ出して引き、切れ長な印象に仕上げる

Use Item

アイメイク
眉はブラウンでナチュラルに。アイラインは太く長めに描くのがコツ
左：リキッド ノーブルブラウン ¥1,600（ラブ・ライナー）、右：アイブロウパウダー 03 ¥3,200（ジルスチュアート ビューティ）

チーク
頬全体にまんべんなく、ふんわりとのせて少女らしく
ミックスブラッシュコンパクト N 04 ¥4,500（ジルスチュアート ビューティ）

リップ
色みを抑え、ツヤ感を出して
フォーエヴァージューシー オイルルージュ シアー 04 ¥2,800（ジルスチュアート ビューティ）

悪い魔女はやっつけた
お兄さま、
一緒にお家に帰りましょう

大きな真珠
キラキラのダイヤモンド
宝物はポケットに詰め込んで

おいしそうな
ジューシーカラーで
瞳に勇気と幸運を呼び込んで

童話の國のDOLL MAKE

088

ヘンゼルとグレーテル

1
丸みのある甘い目元に
Bをアイホール全体にふんわりと優しくのせる。肌なじみのよいオレンジカラーが、ふわっと甘さの香るまぶたに見せてくれる効果あり

2
濃いめカラーで奥行きを出す
Eを上まぶたのキワにアイラインのように、細くすっとひとぬり。このとき目尻は少し太めで長めに描くと目を大きく見せられる

3
たれ目ラインでガーリーに
茶のリキッドアイライナーを上まぶたのキワに引く。目尻は下がり気味に7mm程度のばして、たれ目風に愛らしく

4
下まぶたに色をのせ華やかに
Cを下まぶたの目頭から目尻にかけてキワにのせて。色味の強い上まぶたとの自然なグラデをつくり、目元を明るく華やかに

5
ちょこっとラインで黒目を強調
茶のペンシルライナーで、黒目の下に短くインラインを引く。下まぶたの中央の粘膜部分にアクセントをつけ、印象的な瞳に見せて

Use Item

アイメイク
眉とアイラインは
ブラウン使いで統一感を
左：リキッド ノーブルブラウン、中：ペンシルエクストラスムース ノーブルブラウン 各￥1,600（ともにラブ・ライナー）、右：カラーチェンジアイブロウ 02 ￥500（キャンメイク）

チーク
目元を際立たせるよう、
色味を抑えてふんわりひとぬり
パウダーチークス PW25 ￥550（キャンメイク）

リップ
口が丸く見えるように
ムラなくぬって、ラブリーな唇に
ジェリーリップグロス N 06 ￥2,200（ジルスチュアート ビューティ）

Column 4 | About 童話モチーフコスメ "ヘンゼルとグレーテル"

森の中に捨て去られながらも、したたかに魔女をやっつけるヘンゼルとグレーテルは、とりわけ女の子が共感しやすい童話の主人公たち。2人組であることから、このパレットのみ6色がセットされているという遊び心も素敵。

From TCB

「一番色選びが楽しかったのがヘングレです。お菓子の家や子どもの甘い無邪気さをイメージして、見ているだけで楽しくなるようなおいしそうなカラーを選びました」

Package

パッケージの内側には、TCBさんのイラスト。パレットとの間にフィルムを挟み、汚れにくいのも◎

童話モチーフコスメ "ヘンゼルとグレーテル"
¥4,100(ワークワーク)

ヘンゼル
Hansel

魔女が薪をくべる暖炉のようなレンガ色。ぼかしても、ポイント色にも便利

グレーテル
Gretel

ジューシーなオレンジはマットな発色で、個性的な目元に仕上げてくれます

お菓子の家
Home Of Candy

個性派カラーを際立たせる、ビビッドなマスタードイエロー。ポイント色にも◎

Illust

「子どもの無邪気さとお菓子のように甘いフェイスで誘惑し、可愛さで魔女を騙すぐらいの内に秘めたしたたかさをイメージしました」

魔女の森
Black Forest

ふたりがさまよう深い森をイメージさせるミステリアスなカーキ

ガナッシュ
Ganache

お菓子の家のチョコレートの屋根を思わせるおいしそうなチョコレートブラウン

輝く小石
White Pebble

家から連れ出されたふたりが目印にした月夜に輝く小石のようなシルバー

Chapter 5

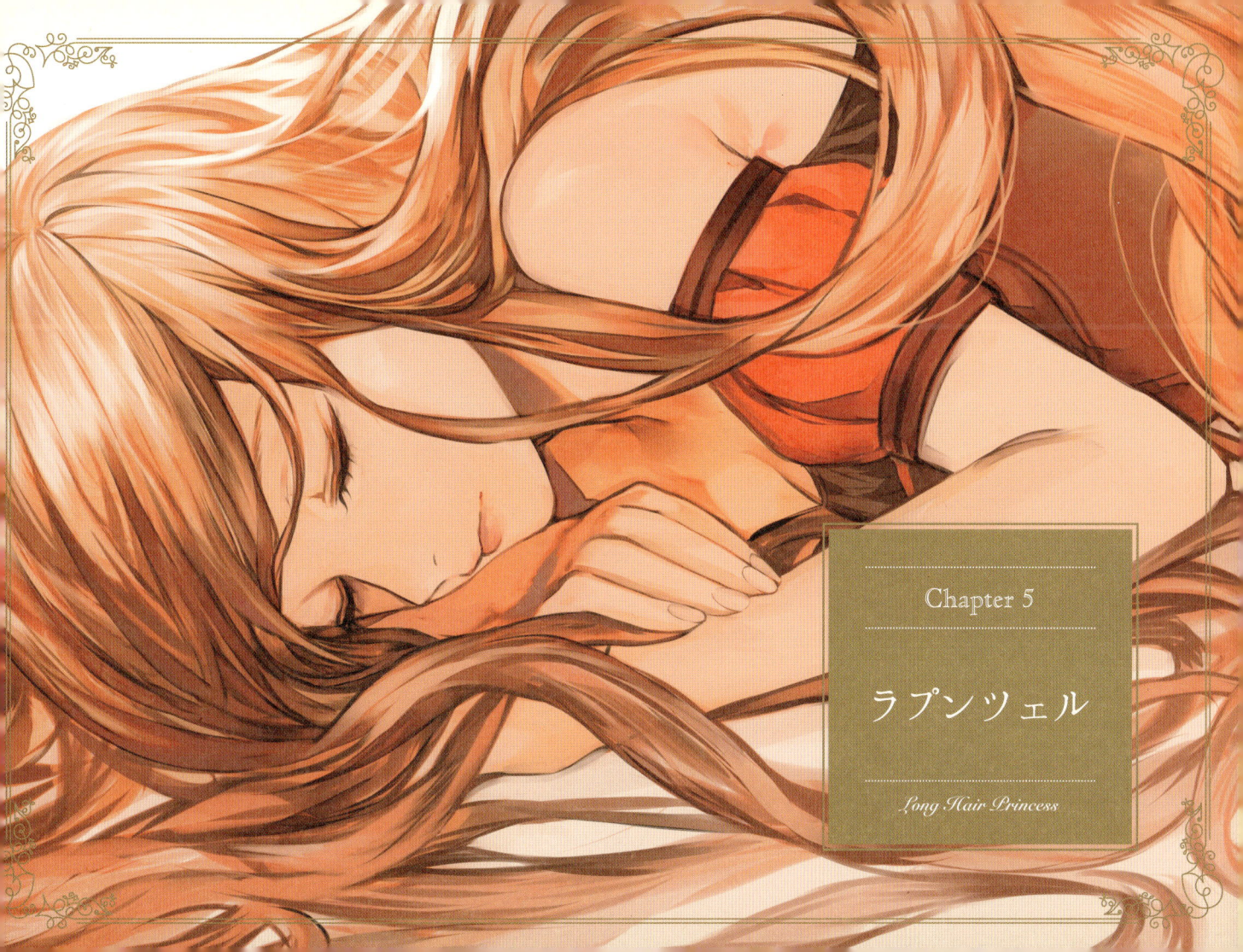

ラプンツェル

Long Hair Princess

いつも1人ぼっちだった私を
あなたが見つけてくれたの

薄暗くて何もない塔の中でも
あなたを想うと
私の世界はまるで
草原の木々のように色づいた

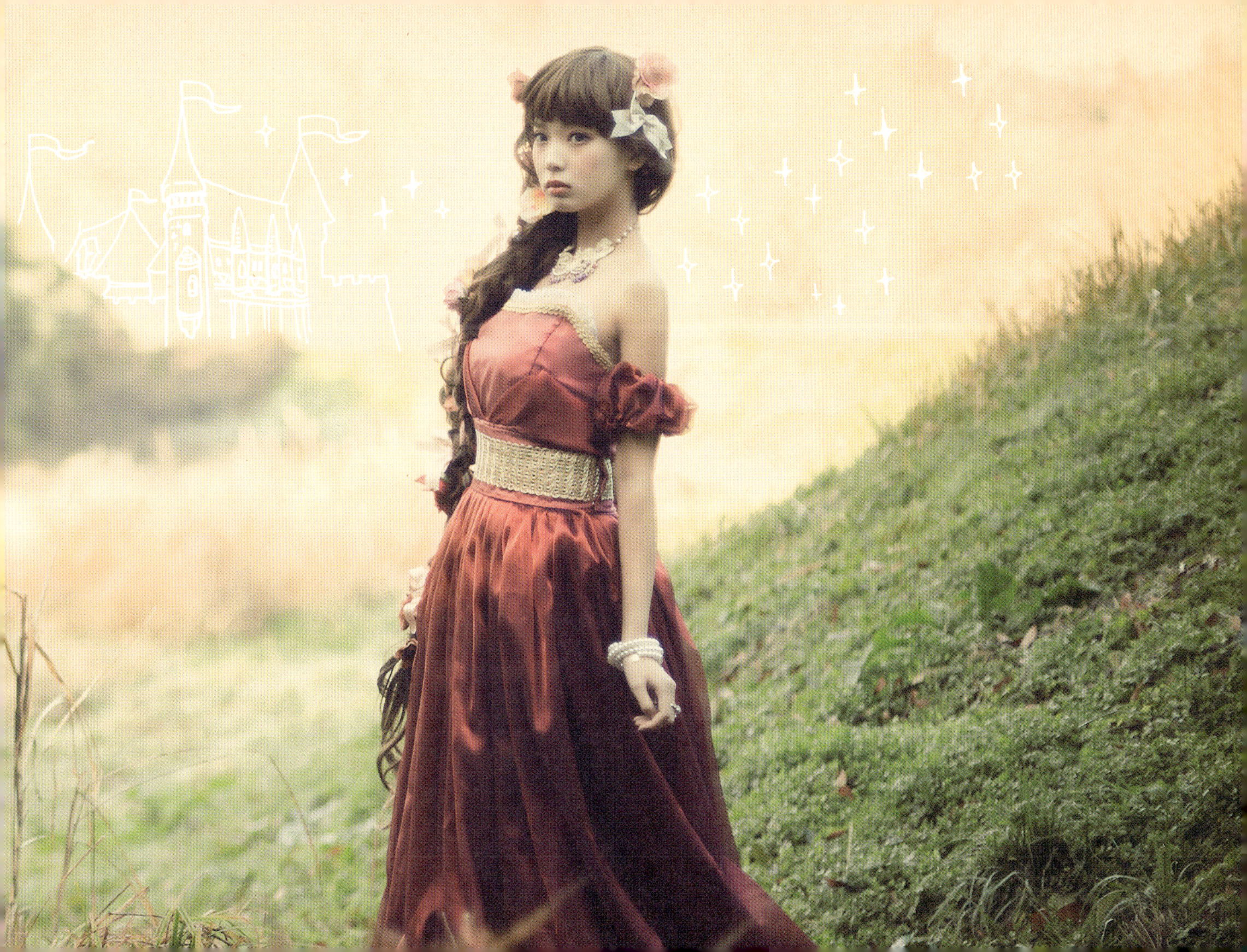

あなたと出会ったときみたいに レッドとピンクに恋をした

童話の国のDOLL MAKE

094

ラプンツェル

EYE SHADOW

A B C D

1
鮮やかなレッドで大人可愛く
Bをアイホール全体にさっとぬる。さらにまぶたのキワにもう一度重ねぬりをして、グラデーションを出すように自然にぼかす

2
下まぶたにニュアンスをオン
Dを下まぶたのキワにのせる。このとき目尻から、目頭に向けてすっと軽く流すように、細めのラインを引くように意識して色づけるのがコツ

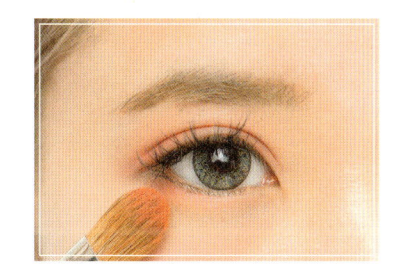

3
濃いめカラーで抜け感をオン
Cを目頭から目尻にかけてのせ、アイラインを引く。ブラウングレーのアイシャドウでラインを引くことで、抜け感のある目元を演出

4
目尻に2次元的な陰影を
Cを目尻の三角ゾーンにのせ、目尻に立体感を出す。このとき3で引いたラインと目尻でつなげて、きゅっと締まった目元に仕上げる

5
ピンクの差し色で華やかに
Aをたっぷり筆にとり、目尻の三角ゾーンにポンとひとのせ。パッと目を引くビビッドなピンクで、意思のある印象的な目元に

Use Item

アイメイク
アイブロウとアイラインをブラウンで統一してナチュラルに
カラーチェンジアイブロウ 04 ¥500(キャンメイク)

チーク
目の外側にポンポンとのせて、血色よく愛らしく
ミックスブラッシュ コンパクトN 05 ¥4,500 (ジルスチュアート ビューティ)

リップ
輪郭をはみ出してオーバーめに丸くぬり、ボリューミーな唇に見せて
カラーラッピングルージュ OR-2 ¥1,400(ケイト)

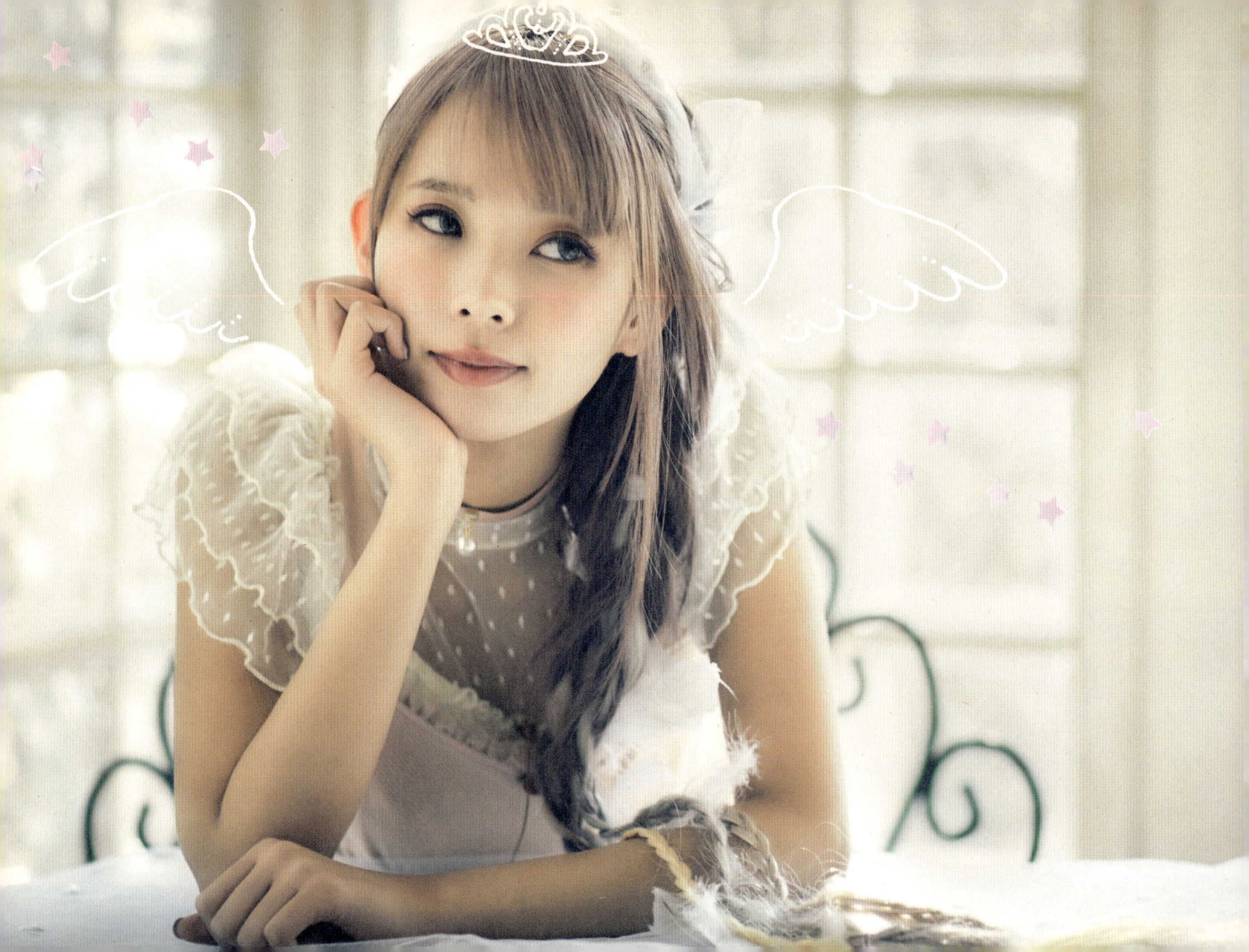

ここへ来るたびに
絹糸を1本ずつ持っていらして

その糸に想いを込めて
長い長い梯子を編んだら
私も下界へ降りるから

どこか遠くへ連れていってね

ドリーミィなカラーを纏ったら
あなたの夢が見られるかしら

童話の国のDOLL MAKE

098

ラプンツェル

EYE SHADOW

1
下まぶたをメイクの主役に
Aを下まぶたのキワにぬる。このとき涙袋に沿って、目尻から目頭に向かってふんわりのせて。ビビッドなピンクでくすみを払拭

2
スモーキーピンクでナチュラルに
Dをアイホール全体にふんわりとのせる。下まぶたのピンクを引き立たせるように、さっとぬり、ナチュラルに仕上げるのがコツ

3
ブラウンの陰影で2次元っぽく
Cを上まぶたの二重幅に合わせてぬる。このとき二重の幅を埋めるように、やや太めにのせ、ムラなくナチュラルな陰影をつける

4
切開ラインで目力をアップ
黒のペンシルアイライナーで目頭に切開ラインを引く。このとき、目頭のひだに沿うように細く丁寧に引くと、失敗しにくい

5
強調ラインで抜け感を出す
黒のペンシルアイライナーで、目尻に強調ラインを引く。上まぶたと下まぶたのキワをつなげるようにくの字に引くのがコツ

Use Item

アイメイク
眉は自然に愛らしく。アイラインはペンシルの黒目を大きく見せて
左:ペンシルエクストラスムース リッチブラック¥1,600(ラブ・ライナー)、右:アイブロウカラーN LB-2 ¥850(ケイト)

チーク
黒目の下に丸くぼかしてのせて
プレストチークカラー01 ¥3,800、ケース¥1,500(ともにレ・メルヴェイユーズ ラデュレ)

リップ
色みを抑えて自然なツヤを唇に
フォーエヴァージューシー オイルルージュ 07 ¥2,800(ジルスチュアート ビューティ)

童話の国のDOLL MAKE ラプンツェル

「ラプンツェル、ラプンツェル
可愛い声で歌っておくれ
そして美しい髪をたらしておくれ」

夕刻が過ぎ

暗闇があたりを支配し始めるころ

聞きなれたその声が

私の胸をときめかせる

あなたのことを想うたび
目元も頬も唇も色づくの

童話の国のDOLL MAKE

102

ラプンツェル

EYE SHADOW

A	B
C	D

1
ふんわり横グラデをつくる
Dをアイホール全体にさっとひとぬり。さらに目尻からまぶたの中央に向けて、横グラデーションをつけるように、Dをふんわり重ねぬりする

2
血色カラーでアクセントを
Aを上まぶたと下まぶたの目尻をつなげるように目尻にくの字にのせる。じんわり内側からにじむような血色カラーで色っぽさをプラス

3
細めのアイラインで上品に
茶のリキッドアイライナーで上まぶたのキワにアイラインを引く。2で入れた血色カラーを引き立てるよう、細めラインで上品に

4
ラインで輪郭を強調
黒のペンシルアイライナーで下まぶたの目頭に短くラインを引く。下まぶたのみに黒のラインを引くことで、アイフォルムを際立たせる

5
マスカラで自然な影を落とす
黒のマスカラを下まつ毛にぬる。抜け感を重視しながら、アイラインを印象づけるように、ポンポンと軽く色をのせるのがコツ

童話の国のDOLL MAKE

103

ラプンツェル

Use Item

アイメイク
アイラインの使い分けで目元にドーリーな立体感をプラス
左からリキッド ノーブルブラウン、ペンシルエクストラスムース リッチブラック、マスカラ ロング 各¥1,600（すべてラブ・ライナー）、アイブロウカラーN LB-2 ¥850（ケイト）

チーク
頬全体にふんわりと丸を描くようにのせ、恥じらう少女みたいに
グロウフルール チークス 07 ¥800（キャンメイク）

リップ
色みは抑え気味にムラなくぬり、清楚な唇を演出
ジュエリーリップグロス N 09 ¥2,200（ジルスチュアート ビューティ）

I can't wait the night to meet you

怒った魔女に
髪を切られてしまったわ
そのときあなたとの繋がりも
ブチンと切れた音がした

メイクだってドラマティックに
あなたとの想い出みたいに

童話の国のDOLL MAKE

106

ラプンツェル

EYE SHADOW

1 ふわっと色づく印象眉毛に
アイブロウの上から眉毛に沿ってAをのせ、キャラクターっぽさを強調。地毛が透けて見えるくらいに薄くふんわりのせて、自然な色づけを

2 縦スライスでカラーをオン
Aを上まぶたの目頭から黒目の始まりまでのせる。このとき色を少しずつポンポンとおくようなイメージで軽くのせるのがコツ

3 中抜きワイド目をつくる
Aのショッキングピンクを、目尻におく。上まぶたの目尻から黒目のはしまで2の要領で色をおき、まぶたの両端にグラデーションをつける

4 ブラウングレーで目頭を強調
Cを目頭にくの字にのせる。あえてアイラインを使わずに、ブラウンのアイシャドウで陰影をつけて、目元にエアリーな抜け感をプラス

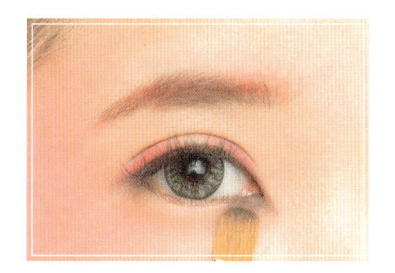

5 目尻に陰影を落とし込む
Cを下まぶたの目尻にのせる。4の目頭と合わせて目の両端に自然な影を落とし、引き締めて。凛とした憂いのある瞳をアピール

Use Item

アイブロウ
アイシャドウを邪魔しないブラウン系でナチュラルに仕上げて
アイブロウパウダー 01 ¥3,200(ジルスチュアート ビューティ)

チーク
頬の高い位置から外へ向けて、サッとひとぬりして上品に
パウダー ブラッシュ 08 ¥3,000 ※セット価格 (ともにポール&ジョー ボーテ)

リップ
チークに合わせたピンク系を全体にぬり、ジューシーな唇に
ルージュ マイドレス 10 ¥3,000(ジルスチュアート ビューティ)

童話の国のDOLL MAKE　ラプンツェル

Column 5 | *About* 童話モチーフコスメ "ラプンツェル"

童話モチーフコスメの第5弾、ラプンツェルは第6弾の白雪姫とともに初めて2種同時にクラウドファンディングが開始されたアイテム。受付開始から2時間で目標数を達成するなど、童話モチーフコスメへの期待をうかがわせる話題作。

From TCB

「幾多の困難を乗り越えて王子様と結ばれるラプンツェルは、放っておけない愛らしさがある女の子なのだろうなぁと思い、暖色系の甘いカラーをメインにしました」

Package

仕切りのフィルムには、色名をプリントするなど細部まで丁寧につくり込まれているのも心憎い

童話モチーフコスメ "ラプンツェル"
¥3,800（ワークワーク）

髪長姫 / Long Hair Princess
女の子らしく、守ってあげたくなるラプンツェルのイメージでセレクトされたビビッドな発色のマットピンク

巣立つ日 / Setting Off
アッシュ系の落ち着いたブラウン。目のキワに入れてもシャープになりすぎない愛されカラー

母の宝 / My Precious
チークとしても使える赤に近いオレンジ。ヘルシーな愛らしさをプラスしてくれるビタミンカラー

焦がれた世界 / Dream World
しとやかさを感じさせるスモーキーなピンク。ひかえめな中にも色気の漂うニュアンスのあるカラー

Illust
「陽だまりの中にいるような温かなイメージで描きました。苦しい状況もマイペースに乗り越えられるのがラプンツェルの強さかもしれませんね」

Chapter 6
白雪姫

Euphorbia

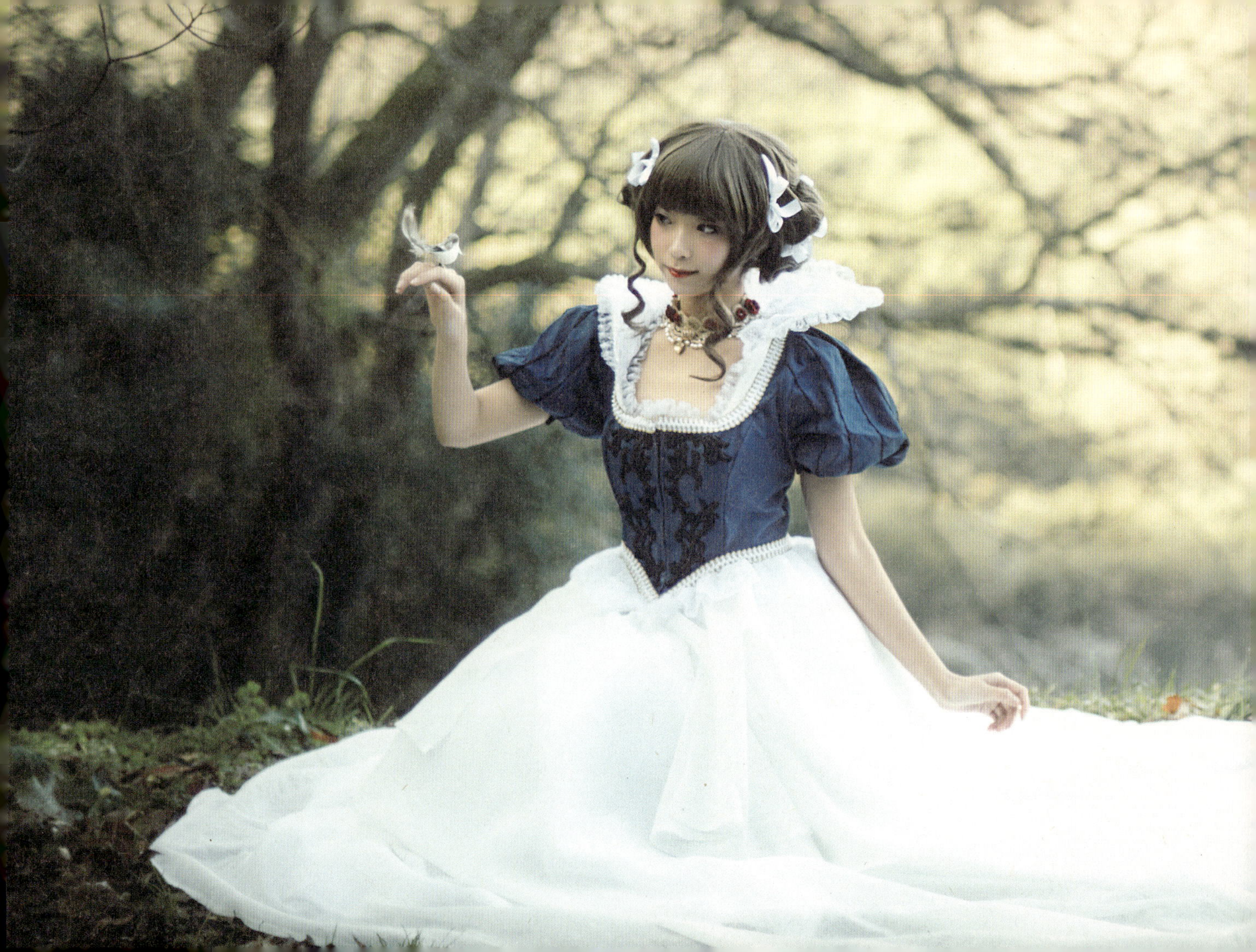

誰も知らない森の奥
もうここから出ることはないと
決心したあの日から
この森に住む小鳥たちだけが
私の話し相手でした
賑やかな小人たちと出会うまでは──

童話の国のDOLL MAKE

112

白雪姫

鏡よ鏡、この世で一番
雪花のように美しいのは誰?

EYE SHADOW

1
パールでまぶたに光を集める
Dをアイホール全体にぬる。パールで光を集め、雪のような輝きを印象づけ、少し濃いめにムラなくのせるのがキレイに仕上げるポイント

2
瞳にしっとり潤み目効果
Dを下まぶたのキワ、涙袋に沿ってラインを引くようにのせる。パールのハイライト効果で瞳が輝き、透明感のあるクリアな印象になる

3
ポイントカラーで愛らしく
Cを目頭と目尻にくの字にのせて赤みを足す。目の両サイドにポイントカラーをおくことで、愛らしいピュアな視線を生み出す効果あり

4
ホワイトを活かす細めライン
茶のリキッドアイライナーで細めにアイラインを引く。まつ毛の隙間を埋めるようなイメージで、目尻は3mmほど長く伸ばして

5
下まつ毛にマスカラでロングに
黒のマスカラで下まつ毛に長さをプラス。目尻に流すようなイメージで、クリアな印象のアイカラーを邪魔しないようにすっきりと

童話の国のDOLL MAKE　白雪姫

Use Item

アイメイク
アイブロウとアイラインはブラウン系で揃えて統一感を

左：リキッド ノーブルブラウン、中：マスカラ ロング 各￥1,600（ともにラブ・ライナー）、右：アイブロウ パレット01 ￥4,500（レ・メルヴェイユーズ ラデュレ）

チーク
頬の真ん中にポンポンと丸く可愛くのせて血色よく

クリーム チーク ベース 06 ￥4,200（レ・メルヴェイユーズ ラデュレ）

リップ
輪郭に沿ってムラなくぬり、美しいツヤ唇に見せて

ルージュ マイドレス 09 ￥3,000（ジルスチュアート ビューティ）

どんな運命が待ち受けているのかしら？お花の絨毯の上でまどろんでいたら「なんて美しい娘！」その声に驚いて目を覚ますと小人たちが私を囲んでいたのです

私は家事を手伝いながら小人の家で暮らすことになりました
だからもう、寂しくなんてありません

真っ赤な蜜リンゴみたいに
甘さの毒をちょっぴり仕込んで

童話の国のDOLL MAKE

116

白雪姫

EYE SHADOW

1
レッドで活発な雰囲気に
Cを上まぶたのキワから二重幅の部分に、目尻をややつり上げる感じでさっと流すようにぬる。目尻は少しはみ出すのがコツ

2
細めグラデで深みをプラス
Bを上まぶたの中央から目尻にかけて、すっと流すように二重幅でのせる。1のカラーと重ねることで深みのあるグラデーションに

3
ダークカラーで奥行きを
Bを下まぶたの目尻から黒目の下あたりまで、細めのラインを引くようにのせる。目尻に奥行きが出て立体的な目を印象づける

4
ラインをきりりと跳ね上げる
茶のリキッドライナーでアイラインを引く。目頭は細めに、黒目の上から太めにし、目尻を跳ね上げて、きりりとキュートな目元に

5
下まつ毛はマスカラで長く
黒のマスカラを下まつ毛にぬる。目尻は下まつ毛が濃く長くなるように重ねてぬり、セクシーな雰囲気を出して小悪魔度をアップ

Use Item

アイメイク
眉は自然に細めに。アイラインは目尻側を太めに描き、マスカラは下まつ毛のみにオン

左：リキッドノーブルブラウン、中：マスカラ ロング 各¥1,600(ともにラブ・ライナー)、右：ミックスアイブロウ 01 ¥600(キャンメイク)

チーク
黒目の下あたりに丸くのせ、愛らしく血色よく見せて

パウダーブラッシュ 03 ¥3,000 ※セット価格(ポール ＆ ジョー ボーテ)

リップ
輪郭に沿ってムラなくぬり、キュートに仕上げる

リップブロッサム 08 ¥2,800(ジルスチュアート ビューティ)

そのウットリする香りは
眩暈(めまい)を誘って
ひと口齧ればきっと
私の頬も唇も
赤く染めてしまうもの

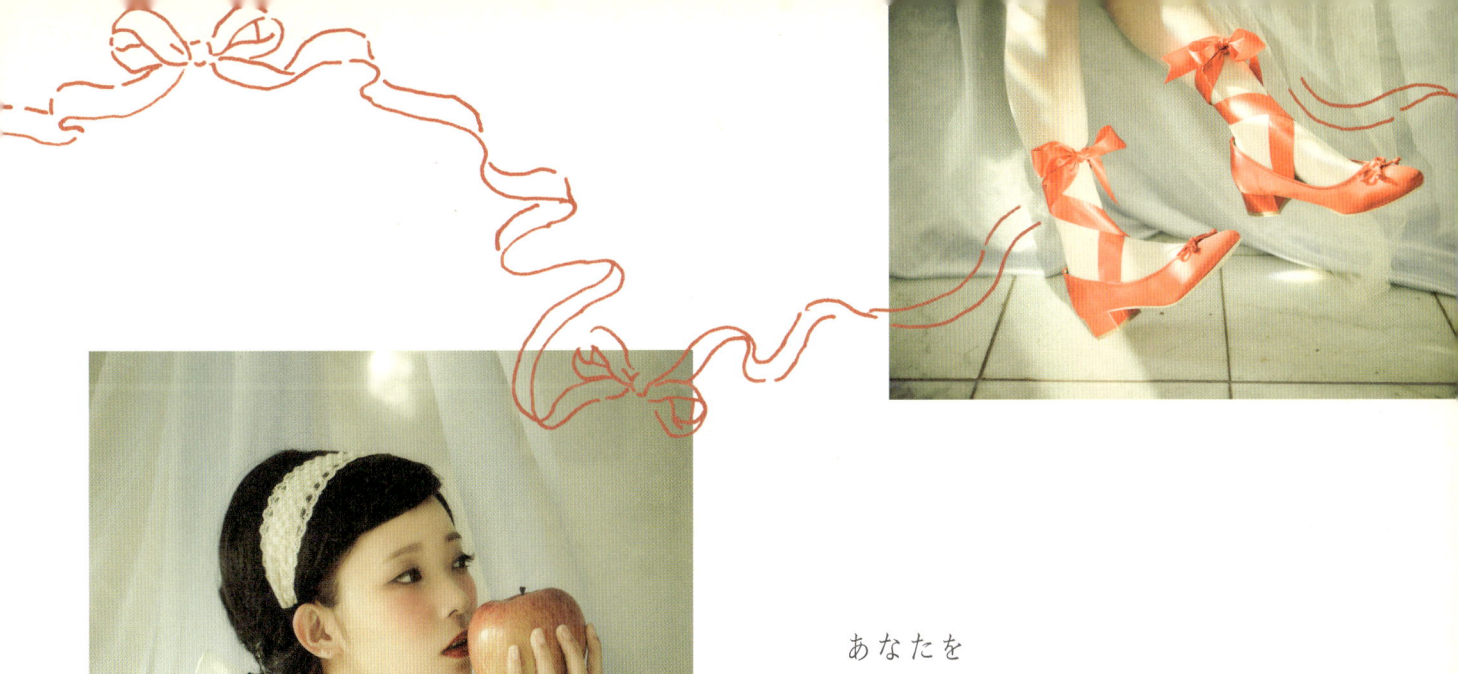

あなたを
すぐに食べてしまいたいのに
でもその味を知ってしまうのは
ちょっぴり怖いの

ヴァイオレットで叶える
大人可愛い恋の魔法

EYE SHADOW

1 グラデのベースをつくる
Aを上まぶたの目頭から目尻に向かって広がるようにのせ、ふんわりとぼかす。マットなヴァイオレットの甘さでロマンティックなまぶたに

2 自然な陰影で立体的に
Bを上まぶたのキワから二重の幅に、すっと軽くひとなでする。1の上にほんのりと色みが重なるように、自然なグラデーションの陰影をつけて

3 目尻に奥行きを出す
Bを目尻の三角ゾーンにくの字にのせる。上まぶたのカラーと同色でそろえることで、目尻の影が一体化し、目に自然な奥行きが出る

4 細ラインで上品さをキープ
茶のリキッドライナーで上まぶたのキワにアイラインを入れる。目尻は長めに、7mm程度すっとのばして上品な印象に

5 涙袋にパールで光を集める
Dを下まぶたのキワに目頭から黒目の下までのせ、ハイライトを入れる。このとき幅を広くしすぎると、華やかになりすぎるので気をつけて

Use Item

アイメイク
眉は少し明るめに仕上げ、アイラインは目尻を長めに描く
左：リキッド ノーブルブラウン￥1,600(ラブ・ライナー)、右：アイブロウパウダー 03 ￥3,200(ジルスチュアート ビューティ)

チーク
頬の高い位置から外に向けてふんわりのせて可愛らしく
クリーム チーク ベース 06 ￥4,200(レ・メルヴェイユーズ ラデュレ)

リップ
輪郭よりもオーバーめにぬり、ぷっくりとした唇に仕上げる
左：ルージュ マイドレス 09 ￥3,000、右：フォーエヴァージューシー オイルルージュ 02 ￥2,800(ともにジルスチュアート ビューティ)

この森から

連れ出してくれてありがとう

私を眠らせた毒は、唇を伝って

王子様、あなたを溺惑できたかしら？

and FAIREST

Snow White

無邪気なふりはもうおしまい

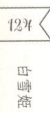

今日から私はレディになるの

童話の国のDOLL MAKE

124

白雪姫

EYE SHADOW

1
パールでツヤ感をまぶたに
Dをアイホールにのせ、上まぶた全体にぼかしこむ。パール感の強いホワイトの輝きで、濡れたようなツヤをまぶたに仕込んで

2
ふわっと光るニュアンスを
Bをまぶたのキワにアイラインのように細さを意識しながらのせる。1の色と重ねることで発光するようなニュアンスを出すのがポイント

3
下まぶたにハイライトをオン
Dを下まぶたのキワにぼかしながらのせる。涙袋を意識しながらすこし太めにぬれば、強めパールの光のレフ効果でばっちり目元に

4
目尻のカラーで奥行きをプラス
Aを下まぶたの目尻のキワにのせ、上まぶたのカラーとつなげて奥行きを出す。印象的なポイントカラーで視線を目元に引きつけて

5
目頭にも立体感を出す
Aを下まぶたの目頭のキワから黒目のあたりまでのせる。下まぶたの部分にアイラインのように細くのせるのが、キレイに仕上げるコツ

Use Item

アイメイク
アイブロウは自毛より明るい色みにチェンジして目元を強調
カラーチェンジアイブロウ 04 ¥540（キャンメイク）

チーク
頬の真ん中から外へ上気したようにふわっとのせて魅力的に
ミックスブラッシュ コンパクトN 04 ¥4,500（ジルスチュアート ビューティ）

リップ
口紅で輪郭を丸く、オーバーめに描く。仕上げにグロスでツヤをオン
左：カラーラッピングルージュ RD-01 ¥1,400（ケイト）、右：フォーエヴァージューシー オイルルージュ 02 ¥2,800（ジルスチュアート ビューティ）

Column 6 | About 童話モチーフコスメ "白雪姫"

おなじみの童話の世界をTCBさんならではの切り口で新解釈し、コスメという形で表現する童話モチーフコスメ。
第6弾の白雪姫のコンセプトには、その独特な世界観が色濃く現れています。

From TCB

「私の中で白雪姫は、ギャップのあるダークな印象があります。表向きの純粋なイメージを純白で、内に秘めているしたたかさを紫で表現しました」

Package

全シリーズゴムバンドつきなので、コスメポーチに入れて持ち歩くときにも安心

童話モチーフコスメ"白雪姫"
¥3,800（ワークワーク）

白雪の瞳 / Euphorbia

つぶらな瞳に宿した、冷ややかな計算高さをイメージしたマットなヴァイオレット。青みがかったパープル

毒りんご / Poisoned Apple

やや暗めの赤、リンゴレッドはマットではっきりとした発色。毒リンゴに秘められた白雪姫の思惑を思わせるカラー

隠れた願望 / Hidden Desire

白雪姫の内に隠された、王子を手に入れたいという仄暗い欲望を感じさせるレッドパープルは、ポイント色にも

偽りの涙 / False Tears

パールを帯びた純白は雪のようにきらめいて、女性ならではのダークな側面を覆い隠し、純粋さを添えてくれる

Illust

「"毒リンゴを食べたのは私じゃなく、王子様。あなたよ"をテーマに、可憐な見た目と裏腹に計算高い、ある意味女性らしい女性として描いています」

CLOTHES CREDIT

P24,26,28 コート￥34,000／NO.S PROJECT、ブラウス￥5,400／Grimoire　**P29** コート￥9,800／Bobon21、ブラウス￥5,400／Grimoire　**P30** すべてヘアメイク私物　**P32,33,34** ニットケープ［アームウォーマーセット］￥7,980、スカート￥8,980、エプロン￥5,980／以上すべてFavorite、ブラウス￥5,400／Grimoire、パニエ￥18,500／NO.S PROJECT、タイツ／ヘアメイク私物　**P36,37,38** ワンピース￥28,800、ネックレス　参考商品／ともにLeur Getter、その他ヘアメイク私物　**P40,42** ワンピース￥12,900、ブラウス［リボンブローチ付］￥6,900、パニエ　参考商品、バッグ￥6,900／すべてaxes femme、その他ヘアメイク私物　**P46,50,52** うさ耳ハット￥11,900／StrawberryDecadence、ワンピース￥36,800／Vierge Vampur、パンプス　参考商品／mon Lily、その他スタッフ私物　**P47,49** ブラウス￥12,500、スカート￥14,000、リボンバレッタ￥4,000、コルセット￥10,500、パニエ￥18,500／以上すべてNO.S PROJECT、その他スタッフ私物　**P48** ブラウス￥14,700、カチューシャ、リボン　参考商品／NO.S PROJECT　**P54,56** ブラウス￥8,100、ショートパンツ￥8,964／ともにCrayme,、マフラー￥23,000／RoseMarie Seoir、チョーカー￥2,222／abilletage、その他ヘアメイク私物　**P55** ワンピース　参考商品／mon Lily、バレッタ￥4,900／RoseMarie Seoir　**P58,59,60** ブラウス￥14,700、ジャンパースカート￥27,000、カチューシャ￥3,600、タイツ￥3,900／すべてRoyalPrincessAlice、タイ［ブラウスセット］￥8,200／KOKOkim、パニエ￥18,500／NO.S PROJECT、その他スタッフ私物　**P64,73,74** ワンピース￥48,000／Grimoire、ピアス￥4,900／la belle Etude、ネックレス　参考商品／marywest☆、パニエ￥18,500／NO.S PROJECT　**P65** ワンピース￥10,000、ブラウス￥7,000／ともにhoneycinnamon　**P66** チョーカー￥1,200、axes femme、きらきらハートキャミソール￥14,000、マーメイドキャミソール￥18,000／RoseMarie Seoir、その他ヘアメイク私物　**P68,70** ワンピース￥11,990、中に着たトップス￥8,100／ともにCrayme,、サンダル　参考商品／RoseMarie Seoir、ピアス￥5,200／la belle Etude、その他ヘアメイク私物　**P69** マーメイドキャミソール￥18,000、きらきらハートキャミソール￥14,000、チュールパニエ￥14,000、カチューム￥8,900、バレッタ￥5,400／すべてRose Marie Seoir、チョーカー￥1,200／axes femme、その他ヘアメイク私物　**P73,74** ピアス￥5,200／la belle Etude　**P78,80** 【ヘンゼル】コート￥32,000／RoseMarie Seoir、パンツ￥13,500／NO.S PROJECT、タイツ￥3,800／Grimoire、ブーツ／モデル私物　【グレーテル】ワンピース￥24,000／RoseMarie Seoir、タイツ￥3,800／Grimoire、ローファー￥14,000／honeycinnamon　その他ヘアメイク私物　**P79** 【ヘンゼル】ブラウス￥12,500、ベスト￥11,000／ともにNO.S PROJECT　【グレーテル】ブラウス￥12,500、スカート￥14,000、シザーネックレス￥12,420／abilletage、その他ヘアメイク私物　**P82,83** 【ヘンゼル】ブラウス￥8,200／KOKOkim、ベスト￥24,840、ジャケット￥37,800／すべてEXCENTRIQUE、ネックレス￥2,300、イヤリング￥2,300、リング2個セット￥1,900／axes femme　【グレーテル】ブラウス￥8,200／KOKOkim、ジャンパースカート￥35,640／EXCENTRIQUE、ネックレス　参考商品／marywest☆、リング2個セット￥1,900／axes femme、その他ヘアメイク私物　**P84** ブラウス￥8,200／KOKOkim、ジャンパースカート￥35,640／EXCENTRIQUE、バングル￥3,800／abilletage、ネックレス　参考商品／marywest☆　**P86,87,89** ワンピース￥27,800／Vierge Vampur、ネックレス￥2,300／axes femme、その他ヘアメイク私物　**P92,94** ドレス［オーダーメイド］／製作日和、ネックレス￥12,000／marywest☆、ブレスレット￥5,900／la belle Etude、その他ヘアメイク私物　**P96** ワンピース￥11,990、中に着たトップス￥8,100／Crayme,、チョーカー　参考商品／mon Lily、その他ヘアメイク私物　**P98** チョーカー￥1,600／mon Lily、その他スタッフ私物　**P100,102** ワンピース￥13,500、ガウン￥14,000、中に着たカットソー￥6,900／すべてNILE PERCH、その他ヘアメイク私物　**P101** カットソー￥4,800／mon Lily、ブラウス￥11,000／Swankiss　その他ヘアメイク私物　**P104,106** ジャンパースカート￥28,000、袖留め￥3,500、コームセット￥3,600、タイツ￥3,900／RoyalPrincessAlice、イヤリング　参考商品／mon Lily、ネックレス　参考商品／marywest☆、その他ヘアメイク私物　**P105** ライダースジャケット￥17,820、カチューシャ￥1,944、ネックレス￥2,160／Crayme,、ワンピース￥14,900／la belle Etude、その他スタッフ私物　**P110,112,124** ドレス［オーダーメイド］／製作日和、ネックレス￥12,000／marywest☆、その他スタッフ私物　**P114** ブラウス￥5,400、スカート　参考商品／mon Lily、フラワークラウン￥55,000／la belle Etude、チョーカー￥4,500／abilletage、その他ヘアメイク私物　**P115** ブラウス￥5,400、スカート［エプロンセット］　参考商品／mon Lily、その他ヘアメイク私物　**P116** ブラウス￥8,000、中に着たトップス￥8000／swankiss、ベレー帽￥8,000／NILE PERCH、イヤリング￥1,620／Crayme,　**P118,119,120** ワンピース￥25,000、エプロン￥8,500、バレエシューズ￥10,000／RoseMarie Seoir、カチューシャ、チョーカー　ともに参考商品／mon Lily、ネックレス￥1,000／favorite、その他ヘアメイク私物　**P122** ワンピース￥7,490、カチューシャ￥1,390／favorite、その他ヘアメイク私物　**P124** ワンピース￥7,490／favorite、チョーカー￥4,167／abilletage［sleeplesschilds］、その他ヘアメイク私物

HAIR WIG CREDIT

P56,58,59,60 ウィッグ ミッシェル A033 ￥12,000／Sweet star　**P78,79,80,110,112** ウィッグ フェアリーロール A090 ￥16,000／Sweet star　（問）Sweet star　http://www.sweet-star.jp/

CLOTHES SHOP LIST

- axes femme ─ 0120-365-128
- abilletage ─ 03-6380-5587
- Vierge Vampur ─ http://viergevampur.wix.com/neko
- EXCENTRIQUE (EXCENTRIQUE 新宿店) ─ 03-3352-0771
- Grimoire ─ 03-3780-6203
- Crayme, ─ http://www.crayme.com
- KOKOkim ─ 03-6807-7573
- StrawberryDecadence ─ 050-3736-8105
- Swankiss (Swankiss渋谷109店) ─ 03-3477-5058
- 製作日和 (製作日和/CLOVER) ─ http://www.creema.jp/c/YOTUBA
- NILE PERCH ─ 03-3408-1993
- NO.S PROJECT ─ 048-287-3482
- Honeycinnamon ─ 03-5411-0800
- Favorite ─ 03-6804-8544
- Bobon21 ─ info@bobon21.jp
- marywest☆ ─ maryandmariwest@yahoo.co.jp
- mon Lily ─ 072-761-9339
- la belle Etude (la belle Etude ラフォーレ原宿店) ─ 03-3403-7733
- Leur Getter (Leur Getter 新宿店) ─ 03-6273-0993
- RoyalPrincessAlice ─ http://royalprincessa.shop-pro.jp
- Rose Marie seoir ─ 03-6416-1221

COSME SHOP LIST

童話モチーフコスメ（ワークワーク）　http://waq2.com

- RMK (RMK Division) ─ 0120-988-271
- イプサ ─ 0120-07-0523
- カバーマーク（カバーマークカスタマーセンター） ─ 0120-117-133
- キャンメイク（井田ラボラトリーズ） ─ 0120-44-1184
- ケイト（カネボウ化粧品） ─ 0120-51-8520
- ジルスチュアート ビューティ ─ 0120-878-652
- ラブ・ライナー (msh) ─ 0120-13-1370
- レ・メルヴェイユーズ ラデュレ（アルビオン） ─ 0120-766-996
- ポール ＆ ジョー ボーテ（アルビオン） ─ 0120-766-996

HAIR & MAKE-UP	双木昭夫［クララシステム］
PHOTOGRAPH	小川 健［WILLCREATIVE］（COVER、P5 - 22、"lesson" ページ）
	小野寺廣信［BLUE］（"image" ページ）
	高橋 昇、福島陽太（P108、P126）
STYLING	瀧口加津子（COVER、P5 - 22）
EDIT	船津麻子
	小寺智子、小林美香、大渕薫子［宝島社］
WRITING	三橋利江［ミントクラウン］
BOOK DESIGN	中野由貴
ILLUSTRATION	TCB（COVER、P44、P62、P76、P108、P126）
	Etoile et Griotte（"image" ページ）
ASSISTANT	ぞの、金森彩華
MODEL	**［COVER、P5-22］** 中村里砂
	［赤ずきん］ てぃ丸　Twitter: @teiiiiiiii
	［不思議の国のアリス］ れいちぇる　Twitter: @rei_0828
	［人魚姫］ LeChat（るしゃ）　Twitter: @LeChatPrince
	［ヘンゼルとグレーテル］ 虎汰　Twitter: @329_no
	［ラプンツェル］ mim　Twitter: @mim_11_11
	［白雪姫］ mam　Twitter: @mam_11_11
COOPERATION	株式会社ワークワーク
	http://waq2.com
	Twitter: @waq2com

童話の国のドールメイク

2016 年 7 月 1 日　第 1 刷発行

著者　　双木昭夫 & TCB

発行人　蓮見清一

発行所　株式会社宝島社
　　　　〒102-8388
　　　　東京都千代田区一番町 25 番地
　　　　電話（営業）03-3234-4621
　　　　　　（編集）03-3239-0926
　　　　http://tkj.jp
　　　　振替：00170-1-170829（株）宝島社

印刷・製本　日経印刷株式会社

本書の無断転載・複製を禁じます。
乱丁・落丁本はお取り替えいたします。
© Akio Namiki & TCB 2016
Printed in Japan
ISBN 978-4-8002-5793-2

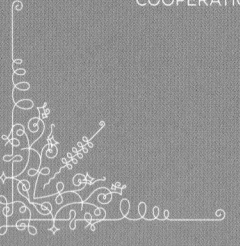